Sarah Kolbeck

Wie Lehrer Störungen im Unterricht vorbeugen können

Regeln und Rituale für ein lernförderndes Klassenumfeld

Bibliografische Information der Deutschen Nationalbibliothek:

Die Deutsche Nationalbibliothek verzeichnet diese Publikation in der Deutschen Nationalbibliografie; detaillierte bibliografische Daten sind im Internet über http://dnb.d-nb.de abrufbar.

Impressum:

Copyright © Science Factory 2021

Ein Imprint der GRIN Publishing GmbH, München

Druck und Bindung: Books on Demand GmbH, Norderstedt, Germany

Covergestaltung: GRIN Publishing GmbH

Kurzzusammenfassung

Lehrpersonen begegnen mannigfachen Unterrichtsstörungen im schulischen Alltag. Die Unterbrechungen werden nicht nur von Lehrpersonen, sondern auch von Lernenden als belastend wahrgenommen. Zu den sehr zahlreichen und komplexen Aufgaben von Lehrkräften gehört es, diesen Beeinträchtigungen professionell entgegenzutreten. Es stellt sich daher die Frage, wie Lehrpersonen Unterrichtsstörungen sicher begegnen und vorbeugen können. Dieser Frage wird in hermeneutischer Art und Weise, insbesondere anhand der Befunde von Kounin (2006), Helmke (2010), Lipowsky (2007) und Meyer (2019), nachgegangen. Um Unterrichtsstörungen erfolgreich begegnen zu können, konnte die Prävention als maßgeblicher Bestandteil herausgearbeitet werden. Anhand der Merkmale eines guten Unterrichts als auch durch Rituale, Regeln und einem gelingenden Beziehungsmanagement können viele Störungen im Vorfeld verhindert werden. Entscheidend ist, wie Lehrpersonen vor einer Störung agieren. Störungsfreier Unterricht stellt allerdings eine Fiktion dar, welche nicht erreicht werden kann. Trotzdem lassen sich viele Beeinträchtigungen durch ein professionelles Handeln seitens der Lehrperson vorbeugen.

Abstract

Teachers encounter manifold teaching disruptions in everyday school life. The interruptions are perceived as stressful, not only by teachers, but also by learners. One of the very numerous and complex tasks of teachers is to deal with these impairments professionally. The question therefore arises: How can teachers safely encounter teaching disruptions? This question is examined hermeneutically, in particular based on the findings of Kounin (2006), Helmke (2010), Lipowsky (2007) and Meyer (2019). In order to be able to successfully encounter teaching disruptions, prevention was identified as a key component. Based on the characteristics of good teaching, as well as through rituals, rules and successful relationship management, many disruptions can be prevented in advance. The decisive factor is, how teachers act before a disruption. However, undisturbed teaching is a fiction that cannot be achieved. Nevertheless, many impairments can be prevented by professional action of the teacher.

Inhaltsverzeichnis

Kurzzusammenfassung III

Abstract IV

1. Einleitung 1

2 Unterricht – Störung – Unterrichtsstörung 3

   2.1   Unterricht – ein komplexer Begriff 3

   2.2   Unterrichtsstörungen – mehrperspektivische Sichtweise 7

   2.3   Dimensionen von Unterrichtsstörungen 12

3 Der Umgang mit Unterrichtsstörungen 17

   3.1   Bedeutung der Prävention von Unterrichtsstörungen 17

   3.2   Merkmale guten Unterrichts 19

4 Prävention anstatt Intervention 36

   4.1   Umsetzungsvorschläge für den Unterricht anhand der Merkmale guten Unterrichts 36

   4.2   Disziplinmanagement: Regeln – Rituale – Klassenrat 43

   4.3   Beziehungsebene 49

   4.4   Elternarbeit 51

Resümee 53

Kritisches Fazit und Ausblick 55

Literaturverzeichnis 56

Abbildungsverzeichnis 63

Tabellenverzeichnis 64

1. Einleitung

Die Anforderungen der Gesellschaft an die Schulen sind hoch. Professionalisierung von Lehrpersonen ist ein Aspekt, diesen Ansprüchen zu begegnen. Einer dieser Gesichtspunkte besteht in der Unterrichtsgestaltung. Diese ist aufgrund ihrer Wechselwirkung mit zahlreichen weiteren Faktoren, wie etwa Lernende-Lehrpersonenbeziehung, externen Einflüssen und Klassenkontext äußerst komplex und anspruchsvoll (Helmke, 2010, S. 74). Die Unterrichtsgestaltung hängt unmittelbar mit der Unterrichtsqualität zusammen. Dank intensiver Unterrichtsforschung kann festgemacht werden, welche Merkmale einen Unterricht fördern oder stören. Neben den Merkmalen eines guten Unterrichts, beeinflussen noch weitere Faktoren, wie etwa gemeinsam vereinbarte Regeln, unterschiedliche Rituale und ein gelingendes Beziehungsmanagement einen erfolgreichen Unterricht und die Unterrichtsqualität. Unterrichtsstörungen stellen aus Sicht von Lehrkräften eine ernste Problematik dar. Denn Unterricht kann von verschiedenen Seiten Einflüsse erfahren, die das Gelingen des Unterrichts in Frage stellen können. Helmke (2010, S. 73) fasste diese Einflüsse in einem Angebot-Nutzungs-Modell der Wirkungsweise des Unterrichts zusammen. Bedeutend für die Qualität des Unterrichts sind demnach die Lehrperson, der Unterricht, die Familie, das Lernpotenzial, die Lernaktivitäten, die Wirkungen (der Ertrag) und der Kontext (Helmke, 2010, S. 73). Der Unterricht stellt ein Angebot dar, die Wirkung hängt von den Schüler*innen und deren motivationalen, emotionalen und volitionalen Prozessen ab (Helmke, 2010, S. 74). Aufgrund dieser Problematik stellt sich die Frage, ob alle Einflüsse Störungen darstellen. Und sind Unterrichtsstörungen lediglich rein subjektive Wahrnehmungen von Lehrpersonen? Oder können Störungen auch durch Lehrkräfte ausgelöst werden? Ist es möglich, mit ausreichend pädagogisch-didaktischem Wissen einen störungsfreien Unterricht zu halten?

Täglich müssen Lehrkräfte aufgrund von vielen unvorhersehbaren Ereignissen und Störungen ihren Unterricht adaptieren. Eine wesentliche Aufgabe ist es daher, sicher auf unerwartete Situationen zu reagieren und diese im besten Fall von vornherein zu vermeiden. Diese Arbeit befasst sich daher mit der Frage: „Wie können Lehrpersonen Unterrichtsstörungen sicher begegnen und vorbeugen?" Anhand hermeneutischer Methoden wird diese Frage erforscht.

Zuerst werden die Begriffe Unterricht, Störung und Unterrichtsstörung diskutiert und mögliche Ursachen für Störungen erörtert. Nachdem die Merkmale des guten Unterrichts theoretisch dargestellt worden sind, folgen mögliche Präventionsmaßnahmen. Ein kritisches Resümee beschließt die Arbeit.

2 Unterricht – Störung – Unterrichtsstörung

Unterrichtsstörungen beeinträchtigen den Lehr- und Lernprozess. Diese vermeintlich einfache Klarlegung ist allerdings unzureichend. Denn es muss hinterfragt werden, wer wen warum behindert und wie Störungen und Unterricht definiert werden (Textor, 2015, S. 7). Zuerst wird der Terminus Unterricht beleuchtet, sodass darauf aufbauend eine Auseinandersetzung mit dem Begriff Unterrichtsstörung stattfinden kann.

2.1 Unterricht – ein komplexer Begriff

Unterricht stellt einen komplexen Grundbegriff dar. Aufgrund der Multidimensionalität des Begriffes existieren reichliche Definitionen in der Didaktik und der Literatur.

Lüders (2012, S. 123) stellte bei seiner empirischen Untersuchung des Unterrichtsbegriffs von 1949-2007 fest, dass, obwohl ein Grundbegriff von Unterricht herrscht, keine einheitliche, klassifizierte Verwendungsweise auf Basis von wissenschaftlichen Theorien in der Literatur zu finden ist. Glöckel (2003, S. 322) verweist additiv darauf, dass in der Literatur bis zu fünfzig zum Teil kontrastierende Unterrichtsbegriffe gefunden werden können. Ferner berichtet Meyer (2019, S. 13), dass aus der empirischen Unterrichtsforschung keine Definition von gutem Unterricht ableitbar ist. Anhand dieser Ausführungen wird bereits deutlich, dass Unterricht ein komplexes theoretisches Rahmenmodell darstellt, welches keine einheitliche Verwendung findet. Zierer (2015), Wiater (2007) und Arnold (2009) haben Unterricht durch verschiedene Sachverhalte definiert, diese werden im Folgenden betrachtet.

Zierer (2015, S. 26) definiert sehr breit: „Unterricht ist – ebenso wie Erziehung – eine Begegnung von Mensch zu Mensch, mit der Besonderheit, dass ein ausgewählter Gegenstand, eine bestimmte Aufgabe, ein ausgezeichneter Sachverhalt, der in der Regel als Unterrichtsstoff bezeichnet wird, als Bindeglied zwischen beiden Personen besteht."

Dieser breiten Darstellung von Unterricht, die eine große Nähe zur Erziehung verortet, folgt jene Wiaters (2007, S. 16), die auf didaktisch-pädagogisches Handeln fokussiert.

Wiater (2007, S. 16) vermerkt, dass unter Unterricht das didaktisch-pädagogische Handeln der Lehrkraft zu verstehen ist, welches größtenteils auf geplanten Lehr- und Lernprozessen in der Schule basiert.

Beiden Definitionen fehlen Aspekte wie der zeitliche Rahmen und/oder spezifische Tätigkeiten seitens der Lehrperson. Diese Gesichtspunkte nimmt Arnold (2009, S. 15) auf, indem er Unterricht als „didaktisch geplante und deshalb sowohl thematisch abgrenzbare als auch zeitlich hinreichend umfassende Sequenzen des Lehrens und Lernens im Kontext pädagogischer Institutionen" definiert.

Trotzdem hier bereits sowohl örtliche und zeitliche Sachverhalte als auch die Tätigkeit der Lehrperson miteinbezogen werden, fehlen wesentliche Merkmale, die die Qualität von Unterricht beinhalten. Meyer (2019), Lipowsky (2007) und auch Helmke (2010) erweitern den Unterrichtsbegriff anhand des Adjektivs gut und mittels bestimmter Kriterien.

Meyer (2019, S. 12-13) konstatiert, dass ein guter Unterricht im Rahmen einer demokratischen Unterrichtshaltung, auf der Basis des Erziehungsauftrags und mit dem Zweck eines erfolgreichen Arbeitsbündnisses eine sinngebende Orientierung und eine Unterstützung zur nachhaltigen Kompetenzentwicklung aller Schüler*innen bietet (Meyer, 2019, S. 13).

Zudem nennt er zehn Merkmale, welche einen guten Unterricht definieren. Diese werden in einem selbsterstellten Kriterienmix zusammengefasst. Dazu gehören laut Meyer (2019, S. 17-18):

1. Klare Strukturierung des Unterrichts (Klarheit im Prozess, bei Zielen und Inhalten, Übereinkommen von Regeln, Ritualen und Freiräumen)
2. Hoher Anteil echter Lernzeit (Überblick der Zeiteinteilung, Pünktlichkeit, angepasster Tagesablauf, Auslagerung administrativer Tätigkeiten)
3. Lernförderliches Klima (gegenseitiger Respekt, Umsetzen der Regeln, Verantwortung übernehmen, Fairness und Fürsorge)
4. Inhaltliche Klarheit (klare Aufgabenstellungen, Verständlichkeit und Verbindlichkeit der Ergebnissicherung)
5. Sinnstiftendes Kommunizieren (Beteiligung an der Planung, offene Gesprächskultur, Lerntagebücher, Rückmeldungen von Schüler*innen)
6. Methodenvielfalt (Vielfalt von Techniken und Handlungsmustern, Flexibilität in dem Verlauf, Gleichgewicht der methodischen Großformen)
7. Individuelles Fördern (durch Freiräume, Geduld, Zeit nehmen, integrieren, individuelle Differenzierung, Förderung von Risikogruppen)
8. Intelligentes Üben (Vermittlung von Lernstrategien, geeignete Übungsaufträge, gezielte Hilfestellungen, passende Rahmenbedingungen)

9. Transparente Leistungserwartung (an Bildungsstandards orientiertes Lernangebot mit schneller Rückmeldungen zur weiteren Lernentwickelung)

10. Vorbereitete Umgebung (geprägt durch Ordnung, Funktionalität und Brauchbarkeit der Lernwerkzeuge) (Meyer, 2019, S. 17–18)

Meyer (2019) definiert somit anhand der Kriterien und der zehn Merkmale den Unterrichtsbegriff. Diese Klarlegung beschreibt sehr ausführlich, woran guter Unterricht festgemacht werden kann.

Auch Lipowsky (2007, S. 27–28) nennt Aspekte eines guten Unterrichts. Er zählt eine effektive Klassenführung, eine klare Strukturierung des Unterrichts, inhaltlich relevante Rückmeldungen von Lehrpersonen, das kooperative Lernen, Übungen und Wiederholungen, Hausaufgaben (vor allem im Sekundarbereich), ein angenehmes Klassenklima, eine kognitive Aktivierung und die Fokussierung und inhaltliche Kohärenz zu den Merkmalen eines guten Unterrichts (Lipowsky, 2007, S. 27–28). Die beschriebenen Merkmale von Lipowsky (2007) beziehen sich auf die fachliche Leistung der Schüler*innen. Wenn stärker auf die affektive oder motivationale Ebene eingegangen werden würde, könnten sich dadurch andere Merkmale des Unterrichts als wirksam erweisen (Lipowsky, 2007, S. 26).

Überdies führt auch Helmke (2010, S.168–169) Merkmale eines guten Unterrichts an. Die Qualitätsbereiche guten Unterrichts von Helmke (2010, S. 168–169) lauten: „1. Klassenführung, 2. Klarheit und Strukturiertheit, 3. Konsolidierung und Sicherung, 4. Aktivierung, 5. Motivierung, 6. Lernförderliches Klima, 7. Schülerorientierung, 8. Kompetenzorientierung, 9. Umgang mit Heterogenität, 10. Angebotsvariation" (Helmke, 2010, S. 168–169). Sowohl diese Qualitätsbereiche als auch weitere Faktoren der Unterrichtsqualität sind in dem Angebots-Nutzungs-Modell der Wirkungsweise des Unterrichts von Helmke verankert und begründet (Helmke, 2010, S. 73–74).

Angebots-Nutzungs-Modell der Wirkungsweise des Unterrichts von Helmke

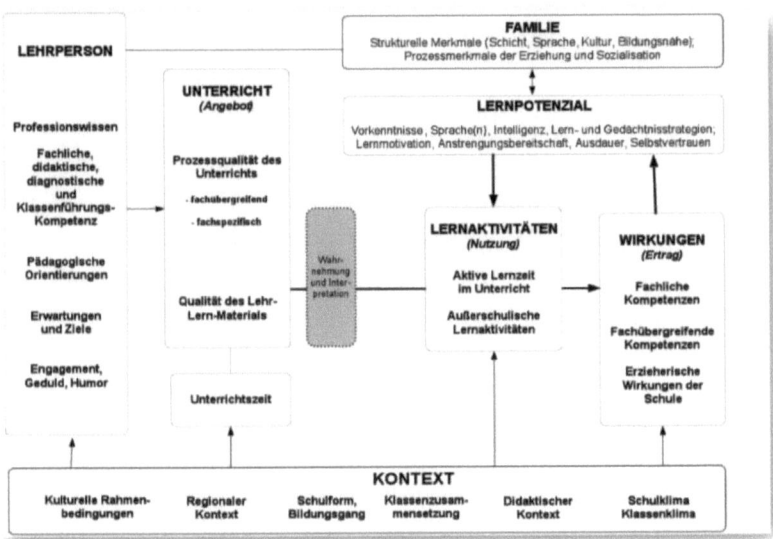

Abbildung1: Helmke, Helmke & Phang, 2013, S. 17

Dieses Modell betont den konstruktivistischen Charakter der Lehr- und Dieses Modell betont den konstruktivistischen Charakter der Lehr- und Lernprozesse. Denn Unterricht führt laut Helmke (2010, S. 74) nur dann zu einer Wirkung, wenn die Schüler*innen die Erwartungen der Lehrperson und die Maßnahmen jener wahrnehmen und interpretieren und wenn diese Maßnahmen die emotionalen, volitionalen und motivationalen Prozesse der Schüler*innen aktivieren (Helmke, 2010, S. 74). Unterricht stellt somit ein Angebot dar, welches im besten Fall Lernprozesse bei den Lernenden initiiert und im Endpunkt sowohl Kompetenzen als auch Bildungsziele erreicht (Helmke, 2010, S. 74). Wie effizient das Angebot genutzt wird, hängt von einer Vielzahl von Faktoren wie etwa der Lehrperson, dem Unterricht, der Familie, dem Lernpotenzial, den Lernaktivitäten, den Wirkungen und dem Kontext ab (Helmke, 2010, S. 74–75).

Anhand des Modells soll aufgezeigt werden, dass Unterricht ein komplexes Konstrukt darstellt, welches von vielen Seiten Wechselwirkungen erfährt.

Obgleich Meyer (2019), Lipowsky (2007) und Helmke (2010) unterschiedliche terminologische Ausdrücke verwenden, weisen sie eine ähnliche Logik in den substanziellen Bereichen auf. Im Kapitel 3.2 werden diese Bereiche genauer beleuchtet.

Dass die beschriebenen Qualitätsfaktoren von Meyer (2019), Lipowsky (2007) und Helmke (2010) einen tatsächlichen Einfluss auf die Unterrichtsqualität nehmen, konnte von John Hattie (2012) nachgewiesen werden (Helmke et al., 2013, S. 20). In Hatties fünfzehnjähriger Studie, welche als die größte evidenzbasierte Forschung mit 240 Millionen Schüler*innen und 900 Metadaten gilt, erforschte er, welche Aspekte die Schulleistung und den Lernprozess wirklich fördern (Hattie, 2012, S. 2). Dabei nennt er zahlreiche Merkmale, die das Lernen beeinflussen (Helmke et al., 2013, S. 21). Eine detailierte Beschreibung der Studie und deren Ergebnisse würden den Rahmen dieser Arbeit sprengen. Für genauere Informationen empfiehlt es sich, das Original von John Hattie (2012) zu lesen.

Zusammenfassend kann festgehalten werden, dass es relevante Merkmale gibt, die die Unterrichtsqualität beeinflussen. Es liegen jedoch keine empirischen Daten über das Ausmaß der Merkmale vor. Dank vieler Erkenntnisse aus der Wissenschaft, können Lehrpersonen die Unterrichtsqualität professionell beeinflussen, indem sie die aus der Forschung erprobten Merkmale eines guten Unterrichts in ihren Unterricht einbauen. Trotzdem soll nicht der Eindruck erweckt werden, dass es den guten Unterricht per se geben würde. Es herrscht keine einheitliche Annahme darüber und somit muss sich jede Person selbst mit den Kriterien kritisch auseinanderzusetzen, sodass der Unterricht weiterentwickelt werden kann.

Mittels der verschiedenen Definitionen wird ersichtlich, wie vielschichtig und komplex der Begriff Unterricht ist. Zudem zeigt sich, dass keine einheitliche Verwendung des Begriffs in der Literatur gegeben ist. In dieser Arbeit dient die Ausführung von Meyer (2019, S. 13) als Definition von Unterricht. Guter Unterricht basiert somit auf einer demokratischen Unterrichtsgestaltung, welche sinnstiftend wirkt, den Erziehungsauftrag wahrnimmt, ein gelingendes Arbeitsbündnis schafft und eine nachhaltige Kompetenzentwicklung fördert (Meyer, 2019, S. 13).

Nachdem eine Basis des Begriffes von Unterricht geschaffen wurde, obwohl der Komplexität des Begriffes wegen im Rahmen der vorliegenden Arbeit nur ein Abriss möglich war, wird im nächsten Abschnitt der Aspekt der Unterrichtsstörungen behandelt.

2.2 Unterrichtsstörungen – mehrperspektivische Sichtweise

Anhand des vorhergehenden Abschnittes wird deutlich, dass Unterricht einen enorm komplexen Begriff darstellt, welcher von vielen Seiten Wechselwirkungen erfährt. Dadurch ist es naheliegend, dass auch der Begriff der Unterrichtsstörung aus mehreren Perspektiven beschrieben werden muss. Vorerst soll allerdings eine Auseinandersetzung mit dem Begriff der Störung erfolgen, um ein umfassendes Gesamtbild zeichnen zu können.

2.2.1 Störungen allgemein

Eine allgemein gültige Definition des Begriffs Störung ist problematisch, da jeder Fachbereich aus seinem Blickwinkel heraus Störungen spezifisch beschreibt. Lediglich im Duden ist eine allgemeine Bezeichnung zu finden. Hier wird Störung synonym mit Beeinträchtigung, Unterbrechung, Behinderung, Belästigung und Schädigung verstanden (Dudenredaktion, 2020). Im Brockhaus finden sich über 1000 verschiedene Einträge zum Thema Störung, jedoch keine allgemeingültige Beschreibung (Brockhaus, o. A.). Im Beltz Lexikon Pädagogik (Tenorth & Tippelt, 2007) ist kein alleinstehender Eintrag zur Störung zu finden. Erst unter dem Begriff der Unterrichtsstörung kann in der Beschreibung von Unterrichtsverweigerung ein Eintrag gefunden werden (Tenorth et al., 2007, S. 741). Demnach ist festzuhalten, dass Störungen laut Duden eine Beeinträchtigung, eine Behinderung oder eine Unterbrechung darstellen können (Dudenredaktion, 2020). Diese eher breite Definition einer Störung soll nun nachfolgend mit der von Unterricht verbunden werden.

2.2.2 Störungen im Unterricht

Im Unterricht treten häufig Beeinträchtigungen, Behinderungen und Unterbrechungen auf. Diese können verschiedener Natur sein. So können etwa seitens der Lehrkraft oder seitens der Schüler*innen Störungen auftreten, aber auch andere Faktoren können das Unterrichtsgeschehen hemmen.

Im institutionellen Bereich stellt sich die Frage, was genau unter Unterrichtsstörung zu verstehen ist. Ist es bereits eine Störung, wenn zwei Kinder miteinander sprechen und sich gegenseitig helfen, obwohl die Lehrperson anderes vorgesehen hat?

Oder handelt es ausschließlich dann um eine Störung, wenn sie während eines Unterrichtfachs stattfindet oder auch während der Arbeitsphasen (Textor, 2015, S. 7)? Ist es auch eine Unterrichtsstörung, wenn der Unterricht nicht hinreichend geplant wurde (Textor, 2015, S.7)? Um diese und ähnliche Fragen zu klären, muss der Begriff der Unterrichtsstörung von verschiedenen Seiten beleuchtet werden.

Sacher (2012, S. 18-19) beschreibt Unterrichtsstörungen sehr grob als solche, welche das Lernen einzelner oder mehrerer Schüler*innen wirklich einschränken. Kaugummi kauen, das Wippen eines Stuhles oder gar Essen und Trinken sind seiner Meinung nach ein bestimmtes Schüler*innenverhalten, welche aber nicht zu einer Unterrichtsstörung führen. Seines Erachtens hat das Verhalten von Kindern eine andere Qualität als eine wirkliche Unterrichtsstörung (Sacher, 2012, S. 18-19).

Heckt (2009, S. 18) hingegen beschreibt viele Erscheinungsformen wie das Dazwischenreden, einen erhöhten Lärmpegel oder eine Arbeitsverweigerung als Unterrichtsstörungen. Gleichzeitig zeigt sie auf, dass es keine allgemeingültige Definition des Phänomens Unterrichtsstörung gibt, da viele Einflussfaktoren wie das Verhalten der Kinder, die Sozialkompetenz, die Gelassenheit der Lehrkräfte und die jeweilige Situation den Begriff wechselwirkend verändern können (Heckt, 2009, S. 18).

Winkel (2005, S. 29) wiederum meint, dass eine Unterrichtsstörung dann vorliegt, wenn Lehr- und Lernprozesse beeinträchtigt sind und wenn das Lernen und Lehren eingeschränkt, pervertiert oder unerträglich wird.

Angesichts dieser Definitionen wird klar, dass auch der Begriff der Unterrichtsstörung reich an unterschiedlichen Interpretationen ist. Sachers (2012) Definition ist sehr breit gefasst, und es wird nicht deutlich, was eine Störung im eigentlichen Sinne bedeutet. Bei Winkel (2005) liegt der Schwerpunkt auf dem Lehr- und Lernprozess. Allerdings ist diese Darstellung gleichfalls sehr knapp beschrieben und es wird nicht ersichtlich, welche Ursachen eine Störung hervorrufen. Winkel (2005) sieht von einer personalen Definition ab, wo hingegen Heckt (2009) und Sacher (2012) die Schüler*innen als Störungsquelle betrachten.

Heckt (2009) meint zudem, dass eine einheitliche Begriffswahl nicht möglich ist, da Wahrnehmung, Kompetenz und Persönlichkeit unzureichend miteinbezogen werden können. Diese drei Definitionen sind eher breit gefasst, darum folgen nun detaillierte Ausführungen.

Textor (2015, S. 8) beschreibt in ihrer Klarlegung, dass Unterrichtsstörungen meist durch die Lernenden hervorgerufen werden. Oft zeigen Kinder bei Unterrichtsstörungen nicht das gewünschte Arbeits- oder Sozialverhalten. Dies führt zu einem möglichen Erziehungsbedarf (Textor, 2015, S. 8). In dieser Definition wird erstmals sowohl ein Arbeits- und Sozialverhalten beschrieben, welches nicht erwünscht ist, als auch die eventuelle Erziehungsarbeit. Zudem wird die Störungsursache nicht ausschließlich auf Seiten der Schüler*innen verortet, denn auch Lehrpersonen können den Unterricht stören.

Wendt (2009) wendet sich komplett von der personalen Definition ab. Er definiert Störungen als Ereignisse, die das Unterrichtsgeschehen, das Lernen, den pädagogischen Prozess und das Miteinander unterbrechen. Solche Störungen verlangen eine Modifizierung der Unterrichtssequenz nach einer möglichen Intervention oder Störungsklärung. Störungen dienen als Anzeichen, dass etwa strukturelle, gruppen-/ oder klassenbezogene Probleme ein funktionierendes Mitarbeiten unmittelbar nicht möglich machen (Wendt, 2009, S. 10). Hier steht die Beeinträchtigung des Lehr- und Lernprozesses im Mittelpunkt. Die Störung wird nicht ausschließlich als Problem, sondern auch als ein Anzeichen wahrgenommen, welches eine Modifikation verlangt. In einer noch differenzierteren Definition von Nolting (2013) werden die Störungsursachen genauer unterschieden. Er untergliedert die Unterrichtsstörungen in die drei Bereiche der aktiven und passiven Unterrichtsstörungen sowie der Störungen in der Interaktion zwischen den Lernenden (Nolting, 2013, S. 12). Allerdings werden die Ursachen auf der personalen Ebene begründet. Zu den aktiven Unterrichtsstörungen zählen laut Nolting (2013, S. 13) laute, unruhige Störungen, die den Unterricht minutenlang unterbrechen, während die Schüler*innen beispielsweise schwätzen, raus rufen und herumlaufen. Bei passiven Störungen zeigt sich die Störung im Mangel der erwünschten Aktivitäten. Dazu zählen eine fehlende Mitarbeit, eine träge Beteiligung an Unterrichtsgesprächen und absichtlich zu Hause vergessene Materialien (Nolting, 2013, S. 13). Zu den Störungen der Interaktion sind sowohl Feindseligkeiten unter den Lernenden als auch Ausgrenzung einzelner Schüler*innen zu zählen, da sie den Unterrichtsprozess verändern (Nolting, 2013, S. 13). Ferner unterscheidet Nolting (2013, S. 13) zwischen funktionalen und normativen Kriterien einer Unterrichtsstörung. Unter normativen Unterrichtsstörungen versteht Nolting Handlungen, die gegen Regeln des Unterrichts verstoßen (Nolting, 2013, S. 13). Währenddessen zählen Handlungen, welche die Unterrichtssequenz behindern, indem sie Schüler*innen oder Lehrpersonen in ihrer Beschäftigung beeinträchtigen, zu den funktionalen Unterrichtsstörungen (Nolting, 2013, S. 13).

Trotz der Untergliederung betreffen die Störungen immer das Lernen und den Unterricht. Die Ursachenbeschreibung führt Nolting differenzierter als die zuvor genannten Autor*innen aus. Problematisch ist bei dieser personalen Definition, dass sie aus einer einseitigen Sichtweise verfasst wurde und ausschließlich Lernende als Störungsquellen betrachtet werden.

Die vorliegende Thesis schließt sich an die folgende Definition von Lohmann (2019, S. 13) an:

> Unterrichtsstörungen sind Ereignisse, die den Lehr-Lern-Prozess beeinträchtigen, unterbrechen oder unmöglich machen, indem sie die Voraussetzungen, unter denen Lehren und Lernen erst stattfinden kann, teilweise oder ganz außer Kraft setzen. (...) Die Störungen können von Schülern oder Lehrern verursacht oder von außen hereingetragen werden, z. B. laute Zwischenrufe, verbale oder physische Attacken, Herumlaufen von Schülern; Hektik; Herumbrüllen oder Sarkasmus von Lehrern; Durchsagen, Baustellenlärm, Tiefflieger, plötzlicher Schneefall usw. (Lohmann, 2019, S. 13)

Lohmann (2019) artikuliert, dass die Voraussetzungen eines gelingenden Lehr- und Lernprozesses bei Unterrichtsstörungen erschwert werden. Er befasst sich in seiner Definition mit den Ereignissen, die den weiteren Unterricht beeinträchtigen können. Dabei stellt er klar, dass Störungen seitens der Lernenden, Lehrpersonen oder auch durch äußere Reize auftreten können. Der Autor betrachtet die Ursachen somit in einem umfassenderen Rahmen, ohne das Wesentliche, den Lehr- und Lernprozess, aus den Augen zu lassen.

Der Begriff der Unterrichtsstörungen wird den obigen Ausführungen zufolge aus verschiedenen Perspektiven betrachtet, die der Positionierung des jeweiligen Schwerpunkts geschuldet sind. Deutlich wird, dass Unterrichtsstörungen den Unterrichtsfluss oder die Lehr- und Lernsequenz beeinträchtigen und gegebenenfalls eine Adaptierung notwendig wird. Als Ursachen von Unterrichtsstörungen können sowohl Verhaltensweisen von Schüler*innen und Lehrpersonen als auch externe Ursachen unterschieden werden. Darüber hinaus unterscheidet sich die Wahrnehmung hinsichtlich einer Störung bei Lehrpersonen und Lernenden. Denn Wahrnehmungen sind subjektiv und immer eine Frage der Perspektive. Keinesfalls darf vergessen werden, dass auch Schüler*innen sich häufig im Unterricht gestört fühlen. Daher erscheinen personale Definitionen, welche die Störungsursache ausschließlich in dem Verhalten der Lernenden begründen, nicht ausreichend elaboriert. Das führt zur Frage, welche empirischen Ergebnisse zu dieser Thematik vorliegen.

2.3 Dimensionen von Unterrichtsstörungen

In der Studie TALIS von der Organisation für wirtschaftliche Zusammenarbeit und Entwicklung (OECD), an welcher 48 Länder teilnahmen, konnte festgestellt werden, dass Lehrpersonen in der Sekundarstufe I nur 78 Prozent einer 60-minütigen Unterrichtsstunde unterrichten. Dreizehn Prozent der Zeit müssen Lehrkräfte dafür verwenden, Ordnung und Ruhe in der Klasse herzustellen. Acht Prozent bringen Lehrpersonen für Verwaltungstätigkeiten auf (OECD, 2020, S. 15, 44). Anhand der Studie wird offensichtlich, welch großen Einfluss Unterrichtsstörungen auf die tatsächliche Lernzeit von Schüler*innen haben und welch enorme Auswirkungen dies wiederum auf den Unterricht haben kann. Für die Primarstufe konnten keine Untersuchungsergebnisse gefunden werden. Es ist aber anzunehmen, dass die Störungsfaktoren hier in einem geringeren Ausmaß zu Tage treten.

Sich den multikausalen Kategorien zu nähern, ist durchaus problematisch, da keine Generalisation stattfinden soll (Nolting, 2013, S. 18). Im Folgenden werden Überlegungen zu den Störungsquellen festgehalten, allerdings wird nicht die Absicht verfolgt, sämtliche Kausalitäten allgemein gültig zu beschreiben. Indes soll die Charakterisierung einen Überblick über die wichtigsten Zusammenhänge in der Grundschule bieten.

2.3.1 Die Dimension der pädagogischen Institution

Aufgrund eigener Defizite und Zwänge von pädagogischen Institutionen entstehen grundlegende Konflikte und Störungen, welche nicht gänzlich zu vermeiden sind (Nolting, 2013, 16–17). Die Intentionen von Lehrpersonen decken sich nicht immer mit den Vorhaben der Lernenden. Dieser unumgängliche Sachverhalt gründet in Konflikten und Störungen (Nolting, 2013, 16–17). Die Schulpflicht zwingt Schüler*innen dazu, dem Unterricht zu folgen. Die vorgegebenen Prinzipien und Vorgehensweise der Schule müssen aber nicht mit dem Verständnis eines Kindes übereinstimmen, und so träumen manche Kinder davon, unterrichtsfremde Bereiche zu durchdringen (Nolting, 2013, S. 17). Diese Konflikte können den Unterricht in unterschiedlichem Maße beeinträchtigen (Nolting, 2013, S. 17).

Auch ein Mangel der pädagogischen Einrichtung an Normverdeutlichung, Grenzziehung und systematischer Verhaltenssteuerung trägt dazu bei, das Unterrichtsgeschehen zu stören (Keller, 2014, S. 32). Zudem führt ein fehlender pädagogischer Konsens, in welchem sich die Lehrkräfte nicht auf eine Verhaltenserwartung einigen können, zu weiteren Störungen (Keller, 2014, S. 32).

Ferner können auch Schulleiter*innen den Unterricht anhand mangelnder Kontrollen (von Unterricht, Klassenbüchern, Aufsichtspflichten), mangelnder Weitergabe von Informationen oder mangelnder Visionen und Ideen für die Schule stören (Daugs, 2009, 22–23). Nicht außer Acht zu lassen sind in diesem Kontext auch die administrativen Vorgaben von Testungen und Verwaltungsaufgaben, die aufgrund mangelnder Ressourcen eine erhebliche Störung darstellen (Daugs, 2009, S. 23).

Das Ausmaß der Störung kann je nach Schule und auch innerhalb von Schulen allerdings stark variieren, sodass es notwendig ist, die Personen in den pädagogischen Institutionen genauer zu betrachten (Nolting, 2013, S. 17).

2.3.2 Die Dimension des familiären Umfelds

Tatsächlich kann Unterricht, je nach Betrachtungsweise, von unterschiedlichen Seiten beeinträchtigt werden. Erziehungsberechtige sind ein unerlässlicher Teil eines gelingenden Lernprozesses. Dieser kann somit auch beeinträchtigt werden, wenn Aufgaben und Verantwortungsbereiche unzulänglich wahrgenommen werden.

Vorrangig bei Vernachlässigung, wie beispielsweise fehlenden Schulmaterialien, unerledigten Hausübungen, fehlenden Geldern für Aktivitäten oder mangelnde Gesprächsbereitschaft, können Beeinträchtigungen des Unterrichtsgeschehens stattfinden (Daugs, 2009, S. 21). Keller (2014, S. 32) führt zudem an, dass verschiedene Erziehungsfehler störendes Verhalten im Unterricht hervorrufen können. Vor allem wenn Eltern inkonsistent, inkonsequent, lieblos oder verwöhnend agieren, zeigen Kinder vermehrt Probleme, im pädagogischen Kontext Regeln zu akzeptieren (Keller, 2014, S. 32). Aber auch mangelndes Vorleben von Ritualen, Regeln und Hierarchie von Erwachsenen und Kindern können den Unterricht aufgrund von fehlender Akzeptanz erschweren (Daugs, 2009, S. 21).

2.3.3 Die Dimension der Lernenden

Aus Sicht vieler Lehrkräfte wird nahezu jegliches unangemessenes Verhalten von Lernenden als Störung wahrgenommen (Lohmann, 2019, S. 15). Die Perspektive allein entscheidet, worin sich dieses unangemessene Verhalten zeigt. Manche Lehrpersonen deuten beispielsweise Schwätzen als unangebrachtes Benehmen, während andere Lehrpersonen bereits das Trinken aus einer Trinkflasche als

Störung wahrnehmen. Störungen sind somit eine Frage der subjektiven Wahrnehmung und eine Frage, wer diese Wahrnehmung auf welche Weise deutet. Lehrpersonen verorten das unangemessene Verhalten von Schüler*innen meist in der Persönlichkeitsstruktur jener und weniger in dem unterrichtlichen Kontext (Lohmann, 2019, S. 15). Unter anderem wird das Verhalten auch pathologisiert, sodass sowohl Schüler*innen als auch Lehrpersonen der Verantwortung enthoben werden können (Lohmann, 2019, S. 16). Das unerwünschte Schüler*innenverhalten wird oft auch als Disziplinproblem klassifiziert (Martens, 2015, S. 21).

Keller (2014, S. 23-24) meint, dass Unterrichtsstörungen Formen abweichenden Verhaltens sind. Er unterteilt die Erscheinungsformen von Störungen der Schüler*innen in sechs Typen:

- Akustische Störungen: Schwätzen, Summen, Singen, Zwischenrufe, Schreien, Handy, Alarm
- Motorische Störungen: Schaukeln, Zappeln, Herumlaufen, mit Stuhl kippen, mit Arbeitsmittel spielen
- Aggressionen: Mitschüler*innen verbal oder körperlich angreifen, Sachen wegnehmen, beschädigen, Wutausbruch, Lehrperson verbal oder körperlich angreifen
- Geistige Abwesenheit: Schlafen, Tagträumen, aus dem Fenster schauen, stofffremde Arbeiten erledigen
- Verweigerung: unerledigte Arbeitsaufträge, fehlende Hausaufgaben oder Unterrichtsmaterialien, Mitarbeitsverweigerung, Zuspätkommen,
- Verstöße gegen die Hausordnung: Trinken, Essen, Beschmutzen (Keller, 2014, S. 23-24)

Als Ursachen nennt Keller (2014, S. 30-33) Entwicklungsverletzungen von Kindern, aktuelle Entwicklungskrisen (Pubertät), neurobiologische Störungen, Familienprobleme, Erziehungsfehler, schulische Fehler und gesellschaftliche Einflüsse. Auch Nolting (2013, S. 12-13) versuchte Störungen systematisch einzuteilen. Wie im Kapitel 2.2 beschrieben, unterscheidet er aktive und passive Unterrichtsstörungen sowie Störungen der Interaktion zwischen den Lernenden (Nolting, 2013, S.12-13).

Lohmann (2019, S. 21–22) beschreibt, dass vor allem Langeweile, die Aufmerksamkeit und Anerkennung von Lehrpersonen und Mitschüler*innen und das Verhältnis von Macht und Vergeltung auslösende Ursachen von Disziplinkonflikten darstellen. Eine der häufigsten Ursachen von Störungen ist Langeweile während des Unterrichts. Probleme aufgrund von Langeweile können auf der Unterrichtsebene festgemacht und eben da behoben werden (Lohmann, 2019, S. 21). Häufig versuchen Lernende Aufmerksamkeit und Anerkennung der Mitschüler*innen und Lehrpersonen zu gewinnen, vor allem dann, wenn dies über akademische Leistungen nur geringfügig möglich ist, oder wenn es in der Klasse beispielsweise als ‚uncool' gilt, die Ausführungen der Lehrperson zu befolgen (Lohmann, 2019, S. 21). Eine weitere Ursache ist der Zusammenhang von Macht und Vergeltung. Zeitweise verhängen manche Lehrpersonen sehr strenge Sanktionen, wenn sie sich von einem Verhalten der Lernenden persönlich angegriffen fühlen. Wenn Schüler*innen diesen Machtkampf verlieren, versuchen sie sich zum Teil für die Demütigung zu revanchieren (Lohmann, 2019, S. 22).

In der Literatur sind viele unterschiedliche Kategorisierungen von Unterrichtsstörungen, basierend auf dem Verhalten von Lernenden, zu finden. Die differenzierte Beschreibung von Keller (2014, S. 23–24) gibt einen sachlichen Überblick über die unterschiedlichen Erscheinungsformen. Die Ausführungen sind jedoch nicht als allumfassend und vollständig zu betrachten.

Die Ursachenbeschreibung ermöglicht es, ein Verständnis für das etwaige Problem zu schaffen und in weiterer Folge eine Umgestaltung des Lehr- und Lernprozesses, wenn es im Rahmen des pädagogischen Kontextes möglich ist.

2.3.4 Die Dimension der Lehrperson

Der wichtigste Einflussfaktor von Unterrichtsstörungen und den am leichtesten zu verändernden stellen Lehrpersonen dar (Lohmann, 2019, S. 16). Wenn Unterrichtssituationen als pädagogisch gestaltbar verstanden werden, können Veränderungen und lösungsorientiere Ansätze angewendet werden (Lohmann, 2019, S. 16–17).

Ein schlecht vorbereiteter Unterricht stört den Lehr- und Lernprozess enorm (Daugs, 2009, S. 22). Dazu zählen mangelnde Unterrichtsplanungen, wenig Methoden- und Formvielfalt, zu wenige Spannungsbögen sowie Über- und Unterforderung der Schüler*innen (Keller, 2014, S. 33). Ferner trägt ein Fehlen der Merkmale eines guten Unterrichts, welche im Kapitel 3.2. eingehend beschrieben werden, zur Verschlechterung der Unterrichtsqualität bei. Sind die Kinder gelangweilt, fehlt eine klare Struktur, sind formulierte Ziele nicht geklärt oder ist die Umgebung nicht vorbereitet, so ist das Unterrichtsgeschehen in seinem Grundanliegen gehindert (Daugs, 2009, S. 22). Daneben sind aber auch ein pünktlicher Unterrichtsbeginn, aktive Pausenaufsicht und Vorbereitungen auf Gespräche essentiell. Sorglosigkeiten führen unweigerlich zu verschiedenen Unterrichtsstörungen (Daugs, 2009, S. 22). Angedrohte Konsequenzen, welche nicht umgesetzt werden, und häufiges Schimpfen von Lehrpersonen enden überdies in einer erfolglosen Verhaltenssteuerung (Keller, 2014, S. 32). Gerade dort, wo wenig Beziehungspflege stattfindet und soziales Lernen keine wesentliche Rolle innehat, treten wiederholt Unterrichtsstörungen auf (Keller, 2014, S. 32). Nolting führt aus, dass die Störungsrate während des Unterrichts je nach Lehrkraft erheblich variieren kann (Nolting, 2013, S. 19). Insofern hat die Lehrperson eine der wichtigsten Rolle inne, denn sie ist in der Lage, Unterrichtsstörungen vorzubeugen, zu verändern und Handlungsmöglichkeiten zu setzen.[1] Anhand der Merkmale eines guten Unterrichts können Lehrpersonen zudem Hilfsmittel und Maßnahmen ableiten, welche sie bei der Prävention von Unterrichtsstörungen unterstützen. Aufgrund dessen werden im dritten Kapitel die Merkmale guten Unterrichts genauer beschrieben.

---

[1] Keller (2014, S. 24) nennt ergänzend zu den bereits genannten Ursachen eine weitere Quelle von Unterrichtsstörungen. Zu diesem zusätzlichen Störungselement zählen externe Lärmquellen. Diese können den Lehr- und Lernprozess massiv stören (Keller, 2014, S. 24). Allerdings haben Lehrpersonen nur einen geringen Einfluss auf diese Beeinträchtigungen. Zu den äußeren Lärmquellen zählen Baulärm, Verkehrslärm, Fluglärm, andere Klassen, Sirenen und Lautsprecherdurchsagen (Keller, 2014, S. 24).

3 Der Umgang mit Unterrichtsstörungen

In der zentralen Forschungsfrage dieser Arbeit wird der Thematik nachgegangen, wie Lehrpersonen Unterrichtsstörungen sicher begegnen und vorbeugen können. Anhand empirischer Forschungsergebnisse (Hattie 2012, Meyer 2019, Lipowsky 2007, Helmke 2010) konnte aufgezeigt werden, dass es Merkmale gibt, die einen guten Unterricht bedingen. Jacob Kounin (2006) stellte ferner durch seine breitangelegte Studie fest, dass es vor allem darauf ankommt, wie sich Lehrkräfte im Vorfeld von Unterrichtstörungen verhalten und wie der Unterricht gestaltet wird (Nolting, 2014, S. 128). Diese Befunde sind substanziell für weitere Schlussfolgerungen. Aus diesem Grunde werden sie im nächsten Abschnitt kurz dargestellt.

3.1 Bedeutung der Prävention von Unterrichtsstörungen

Jacob Kounin (2006, S. 17) analysierte als Erster Disziplinprobleme durch systematische Beobachtungen in den 1970er Jahren. Ausgangslage war ein Zwischenfall, in welchem ein Student während der Vorlesung Zeitung las. Kounin, der Vortragende in dem Seminar, wies den Studenten zurecht. Eindrücklich war dabei, dass auch die anderen Studenten*innen ihr Verhalten änderten. Dadurch begann Kounin sich damit zu befassen, welche Art der Zurechtweisung und welche Disziplinierungsmaßnahmen am wirksamsten im Unterrichtsgeschehen seien (Kounin, 2006, S. 9). In weiterer Folge untersuchte Kounin (2006, S. 7–8) die Klassenführung von Lehrkräften anhand einer großen Anzahl von aufgezeichneten Unterrichtssequenzen. Dabei stellte er fest, dass fünf Techniken der Klassenführung besonders erfolgreich waren (Kounin, 2006, S. 10). Als Klassenführung wurde die Auseinandersetzung mit externem Verhalten von Lernenden definiert, maßgeblich mit deren Fehlverhalten (Kounin, 2006, S. 148).

Laut Kounin (2006, S. 148) zeigen folgende Verhaltensweisen von Lehrpersonen eine Korrelation mit dem Verhalten von Schüler*innen:

- Allgegenwärtigkeit und Überlappung:

Allgegenwärtigkeit: Damit wird die Fähigkeit beschrieben, ständigen Überblick über die Klasse zu wahren, auch wenn der direkte Blickkontakt nicht gewährleistet ist (Nolting, 2014, S. 129).

Überlappung: Die Fähigkeit der Lehrperson, auch zwei Probleme simultan lösen zu können, und gleichzeitig den Lernenden zu vermitteln, dass die Lehrkraft jedes Verhalten wahrnimmt (Kounin, 2006, S. 148).

- Reibungslosigkeit und Schwung: Die Steuerung der Unterrichtsabläufe soll reibungslos und mit Schwung ausgeführt werden (Kounin, 2006, S. 148).

- Gruppenmobilisierung: Meint die Fähigkeit der Lehrkraft, die ganze Gruppe im Blick zu haben (Kounin, 2006, S. 148).

- Valenz und intellektuelle Herausforderung: Die Begeisterung und Neugierde der Lernenden wird durch spannende und motivierende Themen geweckt (Kounin, 2006, S. 131).

- Abwechslung und Herausforderung bei der Stillarbeit: Lehrkräfte sollen Herausforderung und Abwechslung in der Planung berücksichtigen (Kounin, 2006, S. 148).

Somit kommt es vor allem darauf an, wie Lehrpersonen den Unterrichtsprozess gestalten und ob es ihnen gelingt, eine Atmosphäre zu schaffen, in welcher Störungen gar nicht aufkommen (Nolting, 2014, S. 128).

Nolting (2014, S. 129) führt ergänzend zu Kounins (2006) wissenschaftlichen Erkenntnissen noch zwei weitere Elemente einer effizienten Klassenführung aus:

Die Störungsvorbeugung beginnt schon mit der Unterrichtsplanung. Darunter zählen auch flüssige Übergänge und ein Minimieren von organisatorischen Unterbrechungen (Nolting, 2014, S. 129). Als zweiten Punkt nennt Nolting (2014, S. 129) die breite Aktivierung. Damit meint er, dass es Lehrkräften mit einer niedrigen Störungsrate meist gelingt, viele Lernende zur Mitarbeit zu aktivieren. Dazu zählen eine lebhafte Vortragsart, anregende Methoden, eine klare Stimme und ein gleichmäßig verteiltes Aufrufen (Nolting, 2014, S. 129).

Essentiell ist schließlich nicht die Reaktion während einer Störung, sondern die Prävention einer solchen. Das pädagogisch-professionelle Handeln der Lehrpersonen kann Unterrichtsstörungen somit gezielt vermindern.[2] Dabei sind neben den richtigen Maßnahmen die Merkmale guten Unterrichts von wesentlicher Bedeutung.

---

[2] Neben Kounin (2006) erforschten unter anderem auch Emmer und Evertson (2012) sowie Borich (2017) den Begriff des Classroom-Managements. Eine genauere Beschreibung der bisherigen Forschungsergebnisse würde den begrenzten Rahmen dieser Arbeit sprengen und muss deshalb unterbleiben.

3.2 Merkmale guten Unterrichts

Die empirischen Forschungsergebnisse zeigen deutlich auf, dass die Merkmale guten Unterrichts relevante Qualitätsbereiche darstellen, die in der Lage sind, Störungen vorzubeugen (Helmke, 2010, S. 168–169). Die Auflistung und Beschreibung jener ermöglicht es Lehrpersonen, ihren eigenen Unterricht zu reflektieren und gegebenenfalls zu adaptieren (Helmke, 2010, S. 168–169). Dabei wird danach gefragt, welche Merkmale eine günstige Lernentwicklung von Lernenden bewirken (Lipowsky, 2007, S. 26). Meyer (2019), Helmke (2010) und Lipowsky (2007) führen Merkmale eines guten Unterrichts an. Die Nummerierung in der Tabelle stellt keine Rangfolge dar.

Tabelle 1: Merkmale guten Unterrichts (Meyer 2019, Helmke 2010, Lipowsky 2007)

Nr.	Merkmalhäufigkeit der Autoren	Meyer (2019, S. 17–18)	Helmke (2010, S. 168–169)	Lipowsky (2007, S. 26–30)
1.	Klassenführung Alle drei Autoren	Klare Strukturierung des Unterrichts	Klassenführung	Effektive Klassenführung
2.	Klassenklima Alle drei Autoren	Lernförderliches Klima	Lernförderliches Klima	Klassenklima
3.	Methodenvielfalt Alle drei Autoren (Kooperatives Lernen als Sonderform)	Methodenvielfalt	Angebotsvariation	Überlegenheit des kooperativen Lernens
4.	Sinnvolles Üben Alle drei Autoren	Intelligentes Üben	Konsolidierung und Sicherung	Übung und Wiederholung
5.	Klarheit und Strukturierung Alle drei Autoren	Inhaltliche Klarheit	Klarheit und Strukturiertheit	Klare Strukturierung
6.	Kognitive Aktivierung Helmke und Lipowsky	Sinnstiftendes Kommunizieren	Kognitive Aktivierung	Kognitive Aktivierung
7.	Heterogenität Meyer und Helmke	Individuelles Fördern	Umgang mit Heterogenität	Inhaltlich relevante Rückmeldungen

Nr.	Merkmalhäufigkeit der Autoren	Meyer (2019, S. 17-18)	Helmke (2010, S. 168-169)	Lipowsky (2007, S. 26-30)
8.	Unterschiedliche Merkmale	Hoher Anteil echter Lernzeit	Schülerorientierung	Fokussierung und inhaltliche Kohärenz
9.	Unterschiedliche Merkmale	Transparente Leistungserwartung	Kompetenzorientierung	Hausaufgaben (vor allem im Sekundarbereich)
10.	Unterschiedliche Merkmale	Vorbereitete Umgebung	Motivierung	

Trotzdem die Autoren zum Teil unterschiedliche Begriffe verwenden, haben sie die Merkmale effektive Klassenführung, Klassenklima, Methodenvielfalt, sinnvolles Üben, Klarheit und Strukturierung gemein. Zudem wird die kognitive Aktivierung von Helmke (2010) und Lipowsky (2007) angeführt. Der Umgang mit Heterogenität wird ferner von Meyer (2019) und Helmke (2010) einheitlich beschrieben. Die weiteren Merkmale variieren je nach Autor.

Die Aufzählungen der Autoren stellen eine individuelle Konstruktion dar und sind nicht Ausdruck einer kohärenten didaktischen Theorie (Helmke, 2010, S. 170). Vielmehr zeigen sie eine Zusammenstellung von Aspekten der Lernwirksamkeit (Helmke, 2010, S. 169-170). In unterschiedlichen Studien konnte nachgewiesen werden, dass 30 Prozent der Lernwirksamkeit durch Merkmale des Unterrichts, der Lehrperson und der Klassenzusammensetzung begründet sind (Lipowsky, 2007, S. 26). Somit sollen die Merkmale ein Orientierungsschema für Lehrpersonen bieten.

Ein guter Unterricht ist indes nicht durch die Maximierung der Merkmale guten Unterrichts gekennzeichnet (Helmke, 2010, S. 170). Aufgrund von zeitlichen Ressourcen und situationsangemessenen Prioritäten konkurrieren die Merkmale zum Teil im Unterricht miteinander. Zudem treten je nach Lernziel unterschiedliche Merkmale mit anderen Unterrichtsqualitäten in den Vordergrund (Helmke, 2010, S. 170). Überdies zeigt das Angebots-Nutzungs-Modell der Wirkungsweise des Unterrichts, dass zwischen Lehrmethode und Merkmalen der Lernenden Wechselwirkungen bestehen (Helmke, 2010, S. 34, 75). Derselbe Unterricht kann je nach Vorwissen und kognitiven Voraussetzungen für einen Teil der Lernenden günstig, für einen anderen kontraindiziert sein (Helmke, 2010, S. 34, 249). Zudem können sich einzelne Merkmale je nach Ausprägung gegenseitig in ihrer Wirksamkeit beeinträchtigen (Helmke, 2010, S. 34, 48). So hemmen beispielsweise ein zu hohes Maß an Strukturierung oder suboptimal eingesetzte Belohnungssysteme die Kreativität (Krause, 2013, S. 104). Meyer (2019, S. 166) empfiehlt deshalb, Sozialformen, Lernziele, Eigenverantwortung und die Kriterien selbst auszubalancieren, sodass die konkurrierenden Ansprüche an Unterricht und Erziehung ausgeglichen werden.

Die empirische Forschung liefert relativ eindeutige Befunde zur effektiven Klassenführung, zum kooperativen Lernen, zur klaren Strukturierung und zur kognitiven Aktivierung (Lipowsky, 2007, S. 27–28). Beim intelligenten Üben ist noch weitgehend offen, welche Merkmale erfolgreicher Übungen bedingen. Auch konnte bisher kein direkter Zusammenhang des Lernerfolgs mit dem Klassenklima nachgewiesen werden (Lipowsky, 2007, S. 27). Allerdings meint Lipowsky (2007, S. 27), dass gegenseitiger Respekt und Wertschätzung basale Elemente für einen Lernprozess seien. Daher sind vermehrt indirekte Wirkungen zu erwarten. Zudem konnte empirisch nachgewiesen werden, dass das Klassenklima fördernde Auswirkungen auf die motivationale und affektive Lage des Schulerfolgs hat (Lipowsky, 2007, S. 27). Die Motivierung wurde in mehreren Modellen und in Orientierungsrahmen zur Schulqualität als ein zentraler Faktor von Unterricht beschrieben (Helmke, 2010, S. 214–215). Zur Motivierung gibt es sehr viele Theorien, Konzepte und empirische Befunde, welche im Zusammenhang mit dem Lernerfolg stehen und die Bedeutung jener aufzeigen (Woolfolk, 2008, S. 453–499). Zur Individualisierung und Differenzierung gibt es viele Studien, welche ein Kompetenzgefälle unterschiedlicher heterogener Gruppen aufweisen (Helmke, 2010, S. 245). Empirische Studien zeigen, dass der Erfolg davon abhängig ist, wie die Individualisierung umgesetzt wird (Helmke, 2010, S. 258–259).

Somit sind die Merkmale des guten Unterrichts empirisch erforschte Erscheinungsformen von Unterricht, die langfristig zu hohen kognitiven, sozialen oder affektiven Lernergebnissen führen (Meyer, 2019, S. 20). Trotzdem die Merkmale eines guten Unterrichts Störungen vorbeugen können, beeinflussen stellenweise auch externe Faktoren den Unterrichtserfolg, auf welche Lehrpersonen keinen Einfluss haben (Lipowsky, 2007, S. 26). Dazu zählen sowohl die motivationalen, emotionalen und kognitiven Voraussetzungen der Lernenden als auch die Klassenzusammensetzung (Lipowsky, 2007, S. 26). Zudem beeinflussen die fachdidaktischen und pädagogischen Kompetenzen der Lehrkräfte den Lernerfolg von Kindern (Lipowsky, 2007, S. 26).

Im folgenden Abschnitt werden die Merkmale effektive Klassenführung, lernförderliches Klima, Methodenvielfalt, kognitive Aktivierung, Heterogenität –

Individualisierung- – innere Differenzierung, Motivierung und intelligentes Üben näher beschrieben. Eine detaillierte Ausführung aller Merkmale würde den Rahmen dieser Arbeit sprengen. So stellt die vorliegende Arbeit nicht den Anspruch, alle Merkmale eines guten Unterrichts ausführlich zu beschreiben. Ziel ist es, einige wesentliche Merkmale zu skizzieren und konkrete Umsetzungsvorschläge (im Kapitel 4) aufzulisten, sodass ein Nutzen und ein tieferes Verständnis für die Prävention von Störungen gewonnen werden kann. Eines der wichtigsten Merkmale von gutem Unterricht stellt eine effektive Klassenführung dar. Deshalb wird jener Begriff zuerst beschrieben.

3.2.1 Effektive Klassenführung

Viele empirische Befunde belegen die enorme Bedeutung der effektiven Klassenführung für den Lehr- und Lernprozess (Lipowsky, 2007, S. 27). Begrifflich werden Classroom-Management und effektive Klassenführung in dieser Arbeit als Synonyme betrachtet. Als Definition wird die Betrachtung von Helmke und Helmke (2014) und Hasselhorn und Gold (2013) verwendet.

Helmke et al. (2014) beschreiben Klassenführung folgendermaßen:

> Sie umfasst Konzepte, Strategien und Techniken, die dem Ziel dienen, einen störungsfreien und reibungslosen Unterrichtsverlauf zu ermöglichen und damit aktive Lernzeit zu maximieren: durch Regeln und Prozeduren, die Allgegenwärtigkeit der Lehrkraft, den Aufbau erwünschten Verhaltens und einen angemessenen Umgang mit Störungen (Helmke et al., 2014, S. 7).

Hasselhorn et al. (2013) definieren Klassenführung daneben wie folgt:

> Eine gute Klassenführung zeichnet sich durch die Verabredung klar formulierter und konsequent eingehaltener Regeln und durch ein an lernpsychologischen Prinzipien orientiertes unterrichtliches Verhaltensmanagement aus. Dazu gehören auch ein professioneller Umgang mit disziplinarischen Störungen und ein interessant, anregend und flüssig gehaltener Unterricht, der Langeweile und Abschweifungen, die meist die Ursachen unterrichtlicher Störungen sind, weniger wahrscheinlich macht (Hasselhorn et al., 2013, S. 250).

Somit zeichnet sich eine effektive Klassenführung sowohl durch Strategien, Techniken und Regeln aus, die ein reibungsloses Unterrichtsgeschehen ermöglichen als auch durch die Allgegenwärtigkeit der Lehrkraft und den angemessenen Umgang mit Störungen. Sie schafft den Rahmen des Unterrichts und hängt somit eng mit den Merkmalen eines guten Unterrichts zusammen (Hasselhorn et al., 2013, S. 250-251). Klassenführung wirkt präventiv und schafft dadurch eine Erhöhung der aktiven Lernzeit (Hasselhorn et al., 2013, S. 251). Ein interessant gestalteter Unterricht vermindert überdies häufige unterrichtliche Störungen, welche auf Langeweile zurückzuführen sind (Hasselhorn et al., 2013, S. 250). Einer der Leitgedanken von Classroom-Management ist es, dass Unterrichtsstörungen erst gar nicht entstehen (Eichhorn, 2015, S. 37).

Wie an anderer Stelle bereits festgehalten, haben auch Kounin (2006) und Nolting (2014) wesentliche Techniken der Klassenführung (Allgegenwärtigkeit und Überlappung, Reibungslosigkeit und Schwung, Gruppenmobilisierung, Valenz und intellektuelle Herausforderung, Abwechslung, Herausforderung, breite Aktivierung, durchdachte Unterrichtsplanung) erforscht und empirisch belegen können.

Classroom-Management ist indes kein homogener Gegenstand, vielmehr umfasst es viele unterschiedliche Aspekte, deren Gemeinsamkeit das Ziel aufweist, störungsfreie, lernförderliche Situationen im Klassenzimmer sicherzustellen (Helmke et al., 2015, S. 9). Dies geschieht durch die Etablierung eines transparenten Regelsystems (Lipowsky, 2007, S. 27). Im Besonderen nehmen Regeln und Prozeduren, Allgegenwärtigkeit, Zeitnutzung, Aufbau erwünschten und Abbau unerwünschten Schülerverhaltens einen maßgeblichen Stellenwert ein (Helmke et al., 2015, S. 9).

Anhand der empirischen Forschungsergebnisse haben sowohl Meyer (2019) als auch Dix (2010) klare Umsetzungsvorschläge für die Praxis erstellt. Diese Vorschläge werden im vierten Kapitel behandelt.

Ein weiteres wesentliches Merkmal des guten Unterrichts stellt laut Meyer (2019), Lipowsky (2007) und Helmke (2010) das lernförderliche Klima dar. Dieses ist ebenso in der Lage, Unterrichtsstörungen vorzubeugen.

3.2.2 Lernförderliches Klima

Unter einem lernförderlichen Klima wird eine Atmosphäre verstanden, welche die bestmögliche Voraussetzung für das Lernen ermöglicht (Meyer, 2019, S. 47). Kennzeichnend dafür sind gegenseitiger Respekt, verlässlich eingehaltene Regeln und miteinander geteilte Verantwortung. Ergänzend dazu tragen Gerechtigkeit und Fürsorge in der Gemeinschaft zu einem lernförderlichen Klima bei (Meyer, 2019, S. 47). Wenn Schüler*innen die Atmosphäre als angenehm wahrnehmen, können sie ihre Fähigkeiten besser entfalten und dadurch höhere Lernleistungen erzielen. Vor allem jüngere und lernschwächere Kinder benötigen ein entspanntes Klima

(Meyer, 2019, S. 53). Außerdem ist eine gute Stimmung eine essentielle Voraussetzung für das kooperative Lernen (Lohmann, 2019, S. 118). Lerngruppen mit einem gedämpften Klassenklima weisen ein höheres Störpotenzial auf. Daher sind geplante Maßnahmen zur Verbesserung des Klimas eine hervorragende Möglichkeit zur Prävention von Unterrichtsstörungen (Lohmann, 2019, S. 118). Wenn Regeln, Respekt und Verantwortungsübernahme essentielle Werte in der Klasse darstellen, kann vielen Unterrichtsstörungen vorgebeugt werden.

All diese Umsetzungsmöglichkeiten geben Lehrpersonen konkrete Hinweise, wie ein lernförderliches Klima gestaltet werden kann. Diese Aspekte stellen lediglich Vorschläge dar. Je nach Persönlichkeit der Lehrperson und der Klasse muss im Einzelnen entschieden werden, welche Hinweise übernommen werden können. Die Übernahme sollte stets mit einem kritischen Blick und der Reflexion der eigenen Persönlichkeit erfolgen.

Ein weiteres Merkmal guten Unterrichts und einer damit verbundenen Möglichkeit der Prävention von Unterrichtsstörungen stellt die Methodenvielfalt dar.

3.2.3 Methodenvielfalt

Die Methodenvielfalt nimmt in den empirischen Forschungsergebnissen einen mittleren Rangplatz bei der Effektstärke ein (Meyer, 2019, S. 74). Allerdings kann vermutet werden, dass durch Best-Practice-Studien in Zukunft mehr Gewichtung auf dieses Merkmal fällt (Meyer, 2019, S. 74).

Lohmann (2019, S. 185) meint, dass der Hauptgrund für Langeweile und daraus resultierenden Störungen oft in einer methodischen Monokultur verankert liegt. Methodenvielfalt liegt vor, wenn reichhaltige Inszenierungstechniken und eine Vielfalt von Handlungsmustern genutzt werden, wenn die Verlaufsform des Unterrichts veränderbar gestaltet wird und die Grundformen des Unterrichts (Freiarbeit, Lehrgänge, Projektarbeit) ausbalanciert sind (Meyer, 2019, S. 74–75). Aufgrund der unterschiedlichen Lerntypen sind Methodenvielfalt und Sozialformenwechsel essentielle Werte an sich (Lohmann, 2019, S. 185).

Der Bildungsertrag ist ein essentielles Merkmal gelungenen Unterrichts. Dieser Ertrag wird auch durch die Unterrichtsmethodik beeinflusst (Mattes, 2011, S. 7). Durch eine Zunahme am Methodenrepertoire kann somit die Unterrichtsqualität gesteigert und die Prävention von Unterrichtsstörungen gefördert werden (Mattes, 2011, S. 7).

Mattes (2011) liefert im Rahmen von kooperativen Methoden eine Vielzahl von Möglichkeiten, die bereits im Vorfeld keine Unterrichtsstörungen aufkommen lassen:

- Sozialformen (Einzelarbeit/Stillarbeit, Partnerarbeit, Partnerbriefing und viele mehr)
- Gesprächsformen (Fragen entwickelndes Unterrichtsverfahren, Lehrervortrag, Planungsgespräch, Sitzkreis, Redekette und viele mehr)
- Methoden zur Erschließung von Sachtexten und Informationen (Pick-up-Methode, Mindmapping, Abtreppmethode, Experimente, Portfolioarbeit und viele mehr)
- Makromethoden (Rollenspiel, Planspiel, Wochenplanarbeit, Stationen lernen und viele mehr)
- Methodenkarten für Schülerinnen (Mattes, 2011, S. 44–236)

Für genauere Ausführungen empfiehlt es sich, dieses Werk oder ähnliche zu studieren. Meyer (2019, S. 83) rät Lehrpersonen, ihr persönliches Methodenrepertoire zu analysieren und schrittweise zu erweitern. Unter Methodenvielfalt soll allerdings nicht verstanden werden, ein Maximum an Methoden anzuwenden. Vielmehr soll eine Optimierung der Methodenauswahl stattfinden (Helmke, 2010, S. 265). Es gibt indessen keine empirischen Befunde darüber, wie das Optimum an instruktionalen Variationen gemessen werden kann, da das von zu vielen Faktoren abhängt (Helmke, 2010, S. 266).

Das kooperative Lernen hebt sich indes besonders von den anderen Methoden ab, sodass eine kurze Beschreibung nötig ist.

Besonderheit Kooperatives Lernen

Das Kooperative Lernen nimmt ein Alleinstellungsmerkmal in der Methodenvielfalt ein. Lipowsky (2007, S. 27) zählt das kooperative Lernen zu den Merkmalen guten Unterrichts. Denn durch die aktive Auseinandersetzung mit den Lerninhalten werden die Lernfreude und das Interesse der Kinder nachhaltig gefördert (Borsch, 2015, S. 9). Empirisch wurde die Überlegenheit der kooperativen Lernmethoden gegenüber den frontalen Lehrmethoden vielfach bewiesen (Brüning & Saum, 2009, S. 150). Kooperatives Lernen stellt eine Sammelbezeichnung für eine Vielzahl von Lehr- und Lernmethoden dar, in welchen mehrere Personen gemeinsam mit dem Ziel lernen, einen maximalen Lernerfolg aller Beteiligten zu erreichen (Büttner, Decristan & Adl-Amini, 2015, S. 209). Die

Lernenden konstruieren aktiv neue Wissensinhalte. Allerdings ist nicht jede Gruppenarbeit kooperativ (Borsch, 2015, S. 63). In einer kooperativen Gemeinschaft arbeiten maximal vier bis fünf Lernende in hoher Selbstständigkeit zusammen (Meyer, 2019, S. 82). Die Intention beim kooperativen Lernen ist darauf ausgelegt, unterschiedliche Fähigkeits- und Leistungsniveaus in das Unterrichtsgeschehen mit einzubeziehen (Büttner et al., 2015, S. 208). Schüler*innen lernen dabei, sich gegenseitig zu respektieren, Kritik zu üben, Kompromisse einzugehen und Perspektivenwechsel einzunehmen (Borsch, 2015, S. 10). Kraft der intensiven Auseinandersetzung mit dem Lernstoff durch die gegenseitige Vermittlung, darauffolgende Diskussionen und abschließende Erklärungen werden höhere kognitive Lernleistungen erwartet als bei herkömmlichen Methoden (Büttner et al., 2015, S. 209).

Die fünf wichtigsten Merkmale des kooperativen Lernens stellen laut Brägger und Posse (2007, S. 89) eine positive Abhängigkeit (Lernende sind erfolgreich, wenn alle erfolgreich sind), Eigen- und Gruppenverantwortung, der Erwerb von Sozial-, Selbst-, Fach- und Methodenkompetenz, Evaluation von Gruppenprozessen und die unterstützende Interaktion dar. Kooperatives Lernen steht für eine Unterrichtskultur, in der den Lernenden mehr individuelle Lerngelegenheiten geboten werden und in welcher sich Schüler*innen gegenseitig beim Lernprozess unterstützen (Brüning & Saum, 2016, S. 110).

Eine kooperative Lernhaltung zu etablieren bedarf starker Kontinuität, da eine bestimmte Haltung dahinter steht (Koch & Köker, 2015, S. 41). Brüning (2010, S. 4) führt an, dass kooperatives Lernen in der Lage ist, viele Unterrichtsstörungen zu vermeiden, da alle Schüler*innen in den Lernprozess mit eingebunden sind. Der Dreischritt von Einzelarbeit – Kooperatives Lernen – Vorstellen im Plenum fördert einerseits die kognitive Aktivierung der Lernenden und andererseits vermindert er Störungen durch die notwendige Routine (Brüning, 2010, S. 4). Zudem wirkt sich das kooperative Lernen günstig auf das selbstregulierte Lernen, die kognitive Aktivierung und die Motivierung aus (Konrad & Bernhart, 2010, S. 14). Nicht zuletzt wird durch die Kooperationsphase die Individualisierung der Lernprozesse herbeigeführt (Brüning & Saum, 2011, S. 7). Zudem fördert diese Methodik nachweislich die sozialen und personalen Kompetenzen der Lernenden (Brüning et al., 2011, S. 6). Kooperatives Lernen zeigt somit mustergültig auf, wie sich die Merkmale eines guten Unterrichts wechselwirkend beeinflussen.

Sehr viele Methoden mitsamt Erklärungen, wie etwa das Gruppenpuzzle, die Gruppenrallye, das Gruppenturnier oder kooperatives Lesen sind in Borsch (2015) oder Mattes (2011) zu finden. Deren Einführung sowie der passende Einsatz werden dort genau erklärt.

Für Lehrkräfte ist es empfehlenswert, sich neue Methoden anzueignen und diese schrittweise in den Unterricht zu implementieren. Dabei muss auf ein ausgewogenes Verhältnis der Unterrichtsformen geachtet werden. Ein abwechslungsreicher, methodisch vielfältiger Unterricht erscheint den Lernenden kurzweiliger als ein monotones Lernsetting. Dadurch können Langeweile und daraus resultierende Unterrichtsstörungen vermieden werden.

Zudem wird aufgrund des hohen Selbststeuerungsanteils der Schüler*innen vielen Störungen im Unterrichtsgeschehen vorgebeugt (Hasselhorn et al., 2013, S. 343). Der eigenverantwortliche Selbststeuerungsanteil nimmt insbesondere im folgenden Abschnitt, in welchem die kognitive Aktivierung und das selbstregulierte Lernen beschrieben werden, eine wesentliche Rolle ein.

3.2.4 Kognitive Aktivierung – Selbstreguliertes Lernen

Empirische Ergebnisse (Helmke, 2010, S. 204–211) verdeutlichen, dass guter Unterricht die Lernenden herausfordert und dass dabei an deren Vorwissen und Können angeknüpft wird (Feindt & Meyer, 2010, S. 30). Es herrscht dabei der Konsens, dass Schüler*innen zu einem autonomen, selbstregulierten Lernen hingeführt werden sollen (Helmke, 2010, S. 205). Pädagogische Institutionen und Lehrende sollen Schüler*innen im Unterrichtsgeschehen zudem kognitiv aktivieren (Helmke, 2010, S. 204).

Kognitive Aktivierung meint, dass Schüler*innen zu einem vertiefen Nachdenken über den Unterrichtsstoff angeregt werden sollen (Lipowsky, 2007, S. 28). Die Lehrperson aktiviert dabei das Vorwissen der Lernenden, sie stellt herausfordernde, zum Nachdenken anregende Aufgaben, und es werden Freiräume zur selbstständigen Bearbeitung geschaffen (Lipowsky, 2007, S. 28–29).

Alle Lernprozesse im Unterrichtsgeschehen weisen dabei eine Steuerungskomponente auf. So kann Lernen sowohl von außen (fremdgesteuert) durch eine Person oder Umgebung als auch von der Instanz selber (selbstgesteuert) gelenkt werden (Hasselhorn et al., 2013, S. 325–326). Im Unterricht kommt es meist zu einer Mischform von selbst- und fremdgesteuertem Lernen (Hasselhorn et al., 2013, S. 325). Selbstinitiierte und aktive Steuerungsmaßnahmen der Lernenden ermöglichen eine verbesserte Informationsverarbeitung in diesen Phasen (Hasselhorn et al., 2013, S. 325).

Selbstreguliertes Lernen stellt dabei keine Lehrmethode dar, sondern eine Methode des Wissenserwerbs, welche anhand der empirischen Ergebnisse angestrebt werden soll (Hasselhorn et al., 2013, S. 325). Mittels verschiedener Programme zur Förderung von selbstreguliertem Lernen werden sowohl Strategien als auch der Umgang mit Störungen vermittelt (Hasselhorn et al., 2013, S. 341). Diese bewusste Thematisierung unterstützt Lehrpersonen und die Lernenden selbst dabei, Unterrichtsstörungen zu vermeiden. Denn auch die Schüler*innen müssen Verantwortung für einen störungsfreien Unterricht übernehmen (Emmer & Evertson, 2012, S. 32). Wenn Lernende Aufgaben nicht verstehen, reagieren sie häufig mit Unterrichtsstörungen. Dies kann durch verschiedene individualisierte, aktivierende Aufgaben verhindert werden (Brüning, 2010, S. 5). Wenn Schüler*innen aktiv in den Lernprozess miteinbezogen werden, treten in der Regel weniger Störungen auf (Brüning, 2010, S. 5).

Hasselhorn et al. (2013, S. 328) führen an, dass Lernende ihr Lernverhalten aktiv gestalten und beeinflussen müssen, um erfolgreich zu lernen. Das Lernen stellt einen notwendigen, lebenslangen Prozess dar, welcher hauptsächlich in der Schulzeit fremdgesteuert wird. Im späteren Verlauf verliert die Fremdsteuerung an Bedeutsamkeit. Die Selbststeuerung hingegen bleibt ein essentieller Bestandteil des lebenslangen Lernens (Hasselhorn et al., 2013, S. 326).

Unterdessen existieren unterschiedliche Modelle, die das selbstregulierte Lernen definieren wollen. In dieser Arbeit wird auf Schunk und Zimmermans (1998) Model zurück gegriffen. Schunk et al. (1998, p. 2) beschreiben das selbstregulierte Lernen durch einen zyklischen Prozess.

> Self-regulation theorists view learning as an open-ended process that requires cyclical activity on the part of the learner that occurs in three major phases: forethought, performance or volitional control and self-reflection (see Figure 1.1). The forethought phase refers to influential processes and beliefs that precede efforts to learn and set the stage for such learning. The second self-regulatory phase, performance or volitional control involves processes that occur during learning efforts and affect concentration and performance. The third self-regulatory phase, self-reflection, involves processes that occur after learning efforts and influence a learner's reaction to that experience (Schunk et al., 1998, p. 2).

Selbstreguliertes Lernen erfordert somit einen zyklischen Prozess, welcher in die Vorbereitungs-, Handlungs- und Selbstreflexionsphase unterteilt ist (Schunk et al., 1998, p. 2). In der Vorbereitungsphase werden Ziele gesetzt und Maßnahmen geplant. Im Anschluss daran werden in der Handlungsphase die Lernstrategien angewendet und die Lernerfolge beobachtet. Zuletzt findet in der Selbstreflexionsphase eine Bewertung und Reflexion der Lernergebnisse statt (Hasselhorn et al., 2013, S. 330). Dieses Modell versteht das selbstregulierte Lernen als einen Prozess, der immer wieder die einzelnen Phasen durchläuft (Hasselhorn et al., 2013, S. 330). Das selbstregulierte Lernen basiert somit auf dem flexiblen Einsatz von Strategien zur Wissensaufnahme und Verarbeitung sowie auf der Überwachung der Lernprozesse (Artelt, Demmrich & Baumert, 2001, S. 271). Der Kern des selbstregulierten Lernens bildet der eigenverantwortliche Aspekt der Lernenden (Hasselhorn et al., 2013, S. 327).

Beeinflussung erfährt das Lernen von verschiedenen Seiten, wie etwa dem Verhalten, der Motivation, der Kognition und der Metakognition (Hasselhorn et al., 2013, S. 329).

Auf der Verhaltensebene zählen eine effiziente Lernzeitplanung und Lernzeitnutzung, die Bereitstellung von Hilfsmitteln und das Ausschalten potentieller Ablenkungen dazu (Hasselhorn & Gold, 2013, S. 329). Weitere Einflüsse können auf Seiten der kognitiven oder metakognitiven Ebene basieren. Bewusstes Wiederholen, Elaborieren und Organisieren von Informationen sowie das Überwachen und Korrigieren dieser Tätigkeiten führen zu lernförderlichen Prozessen (Hasselhorn et al., 2013, S. 329).

Zudem beeinflussen motivationale Prozesse (Selbstmotivierung, realistische Zielsetzung) die Informationsverarbeitung (Artelt et al., 2001, S. 271). Die Kontrolle der eigenen Leistungen stellt in dem Prozess des selbstgesteuerten Lernens eine grundlegende Komponente dar. Dadurch erhalten die Lernenden wertvolle Informationen über ihr eigenes Können und ihre Entwicklungsmöglichkeiten. Die Einsicht in das eigene Handeln hat eine motivierende Wirkung (Mietzel, 2007, S. 191).

Wenn Lernende die Lernziele mitbestimmen können, zeigen sie mehr Bereitschaft dass diese erreicht werden (Mietzel, 2007, S. 190). Selbstreguliertes Lernen hängt somit eng mit kognitiven, metakognitiven und volitionalen Aspekten sowie mit dem Verhalten zusammen. Bedeutend ist dabei die Selbstregulation in dem zyklischen Prozess. Je häufiger Lernstrategien und ein selbstregulierendes Verhalten geübt werden, desto mehr Nutzen hat es für die Lernenden und für die Prävention von Unterrichtsstörungen.

Wenn das selbstregulierte Lernen den Schüler*innen nicht vermittelt und nicht gelernt wird, sind Schwierigkeiten, Störungen und Hindernisse eine häufige Folge (Hasselhorn et al., 2013, S. 326).

Nachdem die Bedeutung des selbstgesteuerten Lernens aufgezeigt wurde, wird darauf aufbauend über die Individualisierung und die innere Differenzierung im Unterrichtsgeschehen gesprochen. Aufgrund der großen Heterogenität vor allem in Grundschulbereich schafft die Individualisierung eine Basis, um Schüler*innen tatsächlich kognitiv zu aktivieren.

3.2.5 Heterogenität, Individualisierung und innere Differenzierung

Heterogenität, also die Verschiedenheit von Personen in ihren Fähigkeiten, Interessen, Bedürfnissen, Vorwissen und vielen weiteren Faktoren, ist der Alltag in Schulen (Achour, 2015, S. 4). Oft wird diese Vielfalt jedoch von Lehrpersonen als Belastung wahrgenommen (Achour, 2015, S. 4). Dennoch ist es die Kernaufgabe von Lehrenden, den unterschiedlichen Lernvoraussetzungen der Kinder in einer Klassengemeinschaft gerecht zu werden. Der Unterricht in Österreich hat sich prinzipiell am Kind und an seinen Lernmöglichkeiten zu orientieren (Bundesministerium Bildung, Wissenschaft und Forschung, 2005, S. 25). Lehrpersonen sollen trotz der vereinheitlichenden Tendenzen während der Lehr- und Lernprozesse die Individualität der Kinder und ihre Entwicklungs- sowie ihre Bildungspotenziale berücksichtigen (Bundesministerium Bildung, Wissenschaft und Forschung, 2005, S. 25). Dazu zählen verschiedene Lerntempi, individuelle Lernfähigkeiten, Interessen, Vorerfahrungen, Kooperationsbereitschaft, Zugehörigkeit zu einem Kulturkreis, Selbstständigkeit und noch viele weitere Aspekte. Der österreichische Lehrplan verlangt, dass Lehrkräfte diese Unterschiedlichkeiten anhand von differenzierenden und individualisierenden Maßnahmen im Unterricht berücksichtigen (Bundesministerium Bildung, Wissenschaft und Forschung, 2005, S. 25). In der PISA-Studie der OECD von 2018 konnte aufgezeigt werden, dass das Kompetenzgefälle von Kindern mit unterschiedlichen sprachlichen und familiären Hintergründen sehr groß ist (OECD, 2018, S. 4). Als Konsequenz daraus wird eine Verbesserung des Umgangs mit Individualität, Differenzierung und Heterogenität verlangt (Helmke, 2010, S. 246).

Die Differenzierung wird einerseits in eine äußere und andererseits in eine innere unterteilt. Unter äußerer Differenzierung wird unter anderem die Zuordnung eines Jahrganges in die verschiedenen Schulformen oder die fachspezifische Leistungsgruppeneinteilung bezeichnet (Sitte & Wohlschlägl, 2001, S. 199).

Unter innerer Differenzierung, auch Binnendifferenzierung genannt, wird die Anpassung der Lernangebote an Gruppen bezeichnet (Hess & Lipowsky, 2017, S. 24). Diese sind entweder zeitlich befristet oder auch dauerhaft (Klasse, Teilgruppe, Kurs) vorgesehen (Meyer, 2019, S. 102).

Bei der inneren Differenzierung sollen Ziele und Kriterien von der Lehrperson im Vorfeld festgelegt werden (Meyer, 2019, S. 102). Meyer (2019, S. 102) empfiehlt mindestens ein personenbezogenes Kriterium (Leistungsfähigkeit, Kompetenzstufe, Förderbedarf, Geschlecht und Interesse), ein didaktisch-methodisches Kriterium (Ziele, Inhalte, Methodenkompetenz) und ein organisatorisch-zeitliches Kriterium (Zufall, Sitzplatz, Delegation an Kinder, Störpotenzial).

Hingegen meint Individualisierung die Anpassung an einzelne Lernende. Bei der Individualisierung werden für jedes Kind individuelle Angebote erstellt (Hess et al., 2017, S. 24–25). Somit besteht der Unterschied darin, dass bei der inneren Differenzierung weniger Lernangebote (beispielsweise für leistungsstarke und leistungsschwache Kinder und für Kinder mit mittlerer Leistungsstärke) angeboten werden als bei der Individualisierung. Diese Lernangebote können unterschiedliche Aufgaben, Hilfen oder Materialien sein (Hess et al., 2017, S. 24–25).

Das Angebot unterschiedlicher Medien begünstigt einen störungsfreien Unterricht. Denn wenn Lernende Aufgaben nicht verstehen oder Übungen nicht bewältigen können, reagieren sie häufig mit Unterrichtsstörungen (Brüning, 2010, S. 5). Diese Störungsspirale kann anhand individualisierender und differenzierter Materialien und Aufgaben durchbrochen werden (Brüning, 2010, S. 5). Dadurch erfahren Schüler*innen Selbstvertrauen und Störungen aus Frustration werden zunehmend geringer (Brüning, 2010, S. 5).

Zu den Gelingensbedingungen von Individualisierung gehören laut Helmke (2010, S. 253–255) mitunter Professionswissen, didaktische Expertise und diagnostische Kompetenz der Lehrperson sowie geeignetes Lehr- und Diagnosematerial und ausreichend Ressourcen. In einem stark individualisierten Unterricht müssen Lehrpersonen jedem Kind dem Leistungsstand angemessene Aufgaben zuteilen (Hess et al., 2017, S. 29). Dies ist laut Hess et al. (2017, S. 29) allerdings kaum realisierbar. Dieser Widerspruch veranlasste Wissenschaftler*innen dazu, Konzepte im Umgang mit der Heterogenität der Lernenden zu erstellen. Hier soll der adaptive Unterricht kurz beschrieben werden.

Adaptivität des Unterrichts erfolgt in der Art und der Geschwindigkeit der Stoffdarbietung und dem methodisch-didaktischen Vorgehen, wie etwa in der Auswahl von Aufgaben und der Festlegung der Ziele (Hasselhorn et al., 2013, S. 251). Die kontinuierliche, flexible Anpassung fördert den individuellen Lernprozess der Schüler*innen (Hasselhorn et al., 2013, S. 252). Durch Lernerhebungen können Lernausgangslagen konkret festgestellt werden (Bönsch, 2015, S. 63). Daraufhin können Fördermaßnahmen mit verschiedenen Anforderungsmerkmalen geplant und durchgeführt werden (Bönsch, 2015, S. 63). Dieser Unterricht kann von der Lehrperson methodisch und inhaltlich sehr flexibel arrangiert werden (Bohl & Kucharz, 2010, S. 43). Unter Adaptivität wird somit das professionelle Wissen von heterogenen Unterschieden und die angemessene Planung und Umsetzung in der Durchführung des Unterrichts sowie die intensive Individualdiagnostik verstanden (Hasselhorn et al., 2013, S. 252).

Diese kurze Ausführung stellt die enormen Anforderungen (und auch Belastungen) an Lehrkräfte und an den Unterricht dar. Lehrpersonen können den Schwierigkeiten bestmöglich begegnen, indem sie die Kinder in ihrer Individualität fördern.

Ein individualisierter Unterricht kann obendrein zu einem besseren Klassenklima beitragen (Hess et al., 2017, S. 27). Die Merkmale eines guten Unterrichts beeinflussen sich in ihren Wirkungen offenkundig gegenseitig. Da Schüler*innen jedoch individuell auf Maßnahmen reagieren, ist innere Differenzierung und Individualisierung nicht der alleinige Schlüssel zur Lösung eines überaus komplexen Themas. Ein weiteres wesentliches Merkmal eines gelingenden Unterrichts stellt die Motivation dar.

3.2.6 Vielfältige Motivierung

Während des Lernprozesses bauen Lernende ihr kognitives Wissen aktiv auf. Die Energie, die den Wissensaufbau vorantreibt, wird als Motivation bezeichnet (Edelmann, 2003, S. 30). Die Motivation stellt also einen überaus kritischen Punkt im Lehr- und Lernprozess dar (Woolfolk, 2008, S. 450). Mit Motivation ist dabei ein innerer Zustand gemeint, der das Verhalten aktiviert, die Richtung des Verhaltens veranlasst und aufrechterhält (Woolfolk, 2008, S. 451). Dabei wird unter einer extrinsischen und intrinsischen Motivation in der Motivationspsychologie unterschieden (Woolfolk, 2008, S. 452). Während bei der extrinsischen Motivation nach positiver Leistungsrückmeldung, Kompetenzerweiterung, dem Übertreffen der Mitschüler*innen und nach sozialer Anerkennung gestrebt wird, handeln

Lernende bei der intrinsischen Motivation aufgrund von Neugier, Interesse und der Freude am Lernen (Schiefele, 2008, S. 40–43). Die Lernenden zeigen bei der intrinsischen Motivation ein Gefühl von Kompetenz und Selbstbestimmung (Schiefele, 2008, S. 42). Es können gleichzeitig sowohl extrinsische als auch intrinsische Faktoren vorliegen (Woolfolk, 2008, S. 453). Im Motivationsprozess können Anreiz, Motiv und kognitive Prozesse unterschieden werden (Edelmann, 2003, S. 30). Viele Komponenten wirken auf die Motivation und auf das Lernen ein (Woolfolk, 2008, S. 451). Ein gelingender Lehr- und Lernprozess ist äußerst komplex. Multifaktorielle Bedingungen, aber insbesondere die kognitiven und motivationalen Determinanten sind ausschlaggebende Faktoren für ein erfolgreiches Lernen (Edelmann, 2003, S. 32). Lehrpersonen sollen Schüler*innen – wenn möglich – vielfältig motivieren und Lernende zu einer intrinsischen Motivation führen. Denn extrinsische Motivation ist von Verstärkung, Belohnung und Zwang abhängig, die intrinsische Motivation hingegen wirkt, wenn sie einmal aufgebaut ist, ohne äußere Einflüsse weiter (Edelmann, 2003, S. 32). Die intrinsische Motivation gewinnt dadurch an massiver Bedeutung, da sie einen grundlegenden Vorteil gegenüber der extrinsischen Motivation aufweist (Edelmann, 2003, S. 32). Vielfältige Motivierungen sind somit dem Lehr- und Lernprozess förderlich. Zudem vermindern sich spezifische Unterrichtsstörungen, welche etwa durch Langeweile oder fehlende Motivation hervorgerufen werden. Ein guter Unterricht vermittelt laut Meyer (2019, S. 168) zwischen den gegenwärtigen Kompetenzen, den qualitätsvollen Aufgaben und den Motivationslagen der Lernenden.

Klassen mit ungünstigen motivationalen Bedingungen erschweren den Unterrichtsprozess signifikant. Wenn ein Unterricht motivierend ist und Schüler*innen aktiv an dem Lehr- und Lernprozess beteiligt sind, erleichtert dies die Klassenführung beträchtlich (Helmke & Helmke, 2015, S. 11). Somit nimmt die Motivierung Einfluss auf eine effiziente Klassenführung und auf die kognitive Aktivierung. Dadurch wird ersichtlich, dass sich die Merkmale eines guten Unterrichts wechselwirkend bedingen, was eine isolierte Betrachtungsweise und Implementierung der einzelnen Merkmale nicht sinnvoll erscheinen lässt.

Es existieren viele weitere Modelle und Merkmale zur Motivation. Diese werden aufgrund der Begrenzung dieser Arbeit nicht eingehender beschrieben.

Die Motivation ist somit ein weiteres wesentliches Merkmal gelingenden Unterrichts, der Störungen vorbeugt und Lernende aktiviert. Als letztes Merkmal eines guten Unterrichts wird im Folgenden das intelligente Üben ausgeführt.

3.2.7 Intelligentes Üben

Nachhaltiges Lernen bedingt intelligentes Üben. Lernergebnisse werden aufgrund von ineffektiven, ungeplanten oder auch einfach zu wenigem Üben langfristig nicht gespeichert und sind daher nicht mehr abrufbar (Heymann, 2012). Das bewusste Wiederholen und die Vergegenwärtigung des Gelernten sind somit ein essentiellere Bestandteil des Lehr- und Lernprozesses (Heymann, 2012), da dadurch eine Anreicherung des Könnens stattfindet (Meyer, 2019, S. 104). Geübt wird nach einer Aneignungs- oder Erarbeitungsphase (Meyer, 2019, S. 104). Dabei ist auf ein intelligentes Üben, welches auf die angezielten Ergebnisse abgestimmt ist, zu achten (Heymann, 2012). Das intelligente Üben ist dadurch gekennzeichnet, dass Strategien bewusst eingesetzt werden und dass die Aufgaben einen Transfer in neue Wissens- und Könnensbereiche ermöglichen (Helmke, 2010, S. 202; Meyer, 2019, S. 104). Durch herausfordernde Übungen kann die Motivation der Lernenden gesteigert werden und ein Wissenstransfer stattfinden (Helmke, 2010, S. 202). Auch hier zeigt sich die Verbundenheit der Merkmale eines guten Unterrichts. Interessante, herausfordernde Übungen sind motivierend und führen zu einer kognitiven Aktivierung. Wie bereits an anderer Stelle beschrieben, sind dies wesentliche Faktoren, um Unterrichtsstörungen vorzubeugen.

Ohne zahlreiche Wiederholungen ist außerdem keine flüssige Beherrschung wesentlicher Fertigkeiten, wie etwa der Lesekompetenz oder der Grundrechenarten, zu erzielen (Helmke, 2010, S. 202). Durch das intelligente Üben festigen die Lernenden ihr Fachwissen und verzeichnen Erfolgserlebnisse. Zudem entwickeln die Schüler*innen Lernstrategien, welche flexibel angewendet werden und sie entwickeln metakognitive Kompetenz (Meyer, 2019, S. 107). Die Bereiche des Übens werden durch verschiedene Gegenstände gekennzeichnet. Faktenwissen, Grundrechenarten, Problemlösen und der Erwerb von Handlungen und Fertigkeiten erfordern ein unterschiedliches Üben (Helmke, 2010, S. 204). Der Zweck kann somit der Automatisierung, der Vertiefung oder dem Transfer dienen (Meyer, 2019, S. 104). Für das intelligente Üben haben Helmke (2010) und Meyer (2019) Hinweise für die Praxis verfasst. Eine Passung, Erfolgserlebnisse als auch zeitliche Segmentierung sind wesentliche Merkmale von sinnstiftenden Wiederholungen (Helmke, 2010, S. 204). Ein interessantes, freudvolles Üben verhindert überdies unzählige Unterrichtsstörungen, welche auf Langeweile und Lustlosigkeit zurückzuführen sind (Meyer, 2019, S. 105–106).

Zudem ist ein intelligentes Üben laut Meyer (2019, S. 106) an sich von wenigen Unterrichtsstörungen gekennzeichnet. Wo solche aber auftreten, werden sie diskret und beiläufig behoben (Meyer, 2019, S. 106). Ein weitgehend störungsfreier Unterricht stellt wiederum eine Gelingensbedingung eines individualisierten und differenzierten Unterrichts dar (Brüning, 2010, S. 4). Somit trägt ein intelligentes Üben dazu bei, Unterrichtsstörungen zu minimieren, da durch stimmige Aufgaben die Motivation der Lernenden und die kognitive Aktivierung gesteigert werden, und ein individualisierter und differenzierter Unterricht ermöglicht wird.

3.2.8 Wechselwirkung der Merkmale

Mittels der Ausführungen wird ersichtlich, dass die beschriebenen Merkmale von gutem Unterricht sich gegenseitig beeinflussen und dass guter Unterricht ein komplexes Gefüge ist, welches von vielen Seiten Wechselwirkungen erfährt. Jedoch soll nochmals darauf verwiesen werden, dass die Merkmale keine einheitliche Theorie per se, sondern einzeln empirisch gesicherte Merkmale darstellen. Diese sollten immer kritisch betrachtet werden und auf den eigenen Unterricht sowie auf die eigene Person angepasst werden.

Im vierten Kapitel werden praktische Umsetzungsvorschläge wie Methoden, Regeln und Rituale beschrieben, welche das Auftreten von Unterrichtsstörungen verhindern oder zumindest vermindern können. Denn wie bereits zuvor beschrieben, entdeckte Kounin (2006) in seiner Studie, dass das Geheimnis erfolgreicher Lehrpersonen in der Prävention und Antizipation von Unterrichtsstörungen liegt.

Die konkreten Umsetzungsvorschläge sowie die Ausführungen der Merkmale eines guten Unterrichts sollen Lehrpersonen als eine Handreichung dienen, um ihren eigenen Unterricht zu reflektieren und gegebenenfalls zu adaptieren.

4 Prävention anstatt Intervention

Viele Lehrpersonen wünschen sich eine Zusammenstellung von Maßnahmen, um in Störungssituationen erfolgreich zu handeln. Allerdings hat die empirische Forschung dazu keine befriedigenden Ergebnisse vorzuweisen. Indessen wurde dank zahlreicher Studien festgestellt, dass es vor allem darauf ankommt, wie sich eine Lehrperson vor einer Unterrichtsstörung verhält (Brüning, 2010, S. 4).

Mittels der Merkmale eines guten Unterrichts (Meyer 2019, Lipowsky 2007, Helmke 2010) wurde eine Basis geschaffen, aufgrund derer Lehrpersonen ihr pädagogisch-professionelles Handeln beleuchten und anhand der nun folgenden Umsetzungsvorschläge erweitern können.

Erfordert eine Situation einmal eine tatsächliche Intervention, so sollen Lehrkräfte berücksichtigen, dass die Reaktion nicht größer als die Störung selbst sein darf (Imlinger, 2013, S. 1).

4.1 Umsetzungsvorschläge für den Unterricht anhand der Merkmale guten Unterrichts

Nachdem der Begriff der Unterrichtsstörung definiert und substanzielle empirische Grundlagen für diese Arbeit dargelegt worden sind, folgen nun relevante Vorschläge für die Praxis. Dieses Kapitel zielt darauf ab, Lehrpersonen wertvolle Maßnahmen und Möglichkeiten für das Unterrichtsgeschehen zu liefern. Zuerst werden konkrete Ausführungen zu den Merkmalen guten Unterrichts gebracht. Anschließend wird auf weitere Methoden und Vorgehensweisen wie etwa Rituale, Regeln, Beziehungsebene und Elternarbeit eingegangen.

4.1.1 Effektive Klassenführung

Zur effektiven Klassenführung empfiehlt Meyer (2019, S. 36-37) eine intelligente Unterrichtsvorbereitung (die Aufgaben befinden sich auf einem mittleren Abstraktionsniveau und es besteht Raum für Entwicklung), einen informierenden Unterrichtseinstieg, gezielte Fragetechniken und eine kontinuierliche Arbeit mit Unterrichtsritualen. Diese schaffen Ruhe, Ordnung und Verlässlichkeit (Meyer, 2019, S. 36-37). Überdies präsentiert Dix (2010, S. 3-46, 53-149) viele Elemente, um mehr Klarheit in den Unterricht zu implementieren. Dazu zählen eine überlegte Sitzordnung, schulweite einheitliche Regeln, eine sichere emotionale Lernumgebung und Bedenkzeit bei Fragen. Indessen trägt eine positive Verstärkung (wie etwa Ermutigen und Loben) zur Klarheit im Unterricht bei, da alle Schüler*innen wissen, welches Verhalten von ihnen erwartet wird. Das Lob soll aufrichtig und personenbezogen sein (Dix, 2010, S. 64-65). Zudem fördert ein transparentes System, in welchem die Lernenden die zu erwartenden Sanktionen kennen, das erwünschte Verhalten der Kinder. Die Sanktionen können beispielsweise eine Verwarnung, ein Gespräch oder eine Auszeit darstellen (Dix, 2010, S. 76-80). Dix (2010, S. 37) verweist weiterhin auf die Notwendigkeit, Rituale und Routinen gemeinsam zu erarbeiten. Zur Verinnerlichung erweisen sich Lieder, Symbole, Rollenspiele, Bilder oder Sprechchöre als nützliche Instrumente (Dix, 2010, S. 45). Weitere Elemente einer effektiven Klassenführung stellen klare verbale und nonverbale Signale, eine respektvolle und angemessene Sprache (Lautstärke, Wortwahl, Sprechgeschwindigkeit, Körpersprache), eine vertrauensvolle Beziehung zu den Lernenden, sowie eine gute Zusammenarbeit mit den Eltern dar (Dix, 2010, S. 47, 64, 95, 143).

Hattie (2012) und Helmke (2010) liefern viele empirische Beweise, dass die Klassenführung eines der wichtigsten Merkmale eines guten Unterrichts darstellt, in welchem die Schüler*innen erfolgreich Lernen. Die Auswirkungen einer effektiven Klassenführung, welche von Klarheit und Struktur geprägt ist, zeigen sich durch abnehmende Unterrichtsstörungen und durch mehr aktive Lernzeit für die Lernenden. Deshalb ist es erstrebenswert, vor allem ein besonderes Augenmerk auf das Classroom-Management zu lenken. Die angeführten Maßnahmen unterstützen Lehrpersonen darin, die effektive Klassenführung in ihren Unterricht zu implementieren. Dabei müssen individuelle Faktoren der Klasse und der Lernenden miteinbezogen und an deren Bedürfnisse angepasst werden.

4.1.2 Lernförderliches Klassenklima

Mehrere Autoren stellen Möglichkeiten vor, mit denen ein angenehmes Klassenklima erreicht werden kann. Lohmann (2019, S. 118-121) schlägt Kennlernaktivitäten, Spiele, Rituale, Sprechtage, eine anonyme Evaluation des Klassenklimas sowie Lehrpersonen-Schüler*innen-Eltern-Gespräche vor. Zudem verweist er darauf, dass die Klassenraumgestaltung und das Bilden von leistungsheterogenen Unterstützungsgruppen (Hilfe bei Hausaufgaben, Lernschwierigkeiten, Testvorbereitungen, Einhaltung der Klassenregeln) eine günstige Wirkung auf das Klassenklima aufweisen (Lohmann, 2019, S. 122). Meyer (2019, S. 54) ergänzt diese Aufzählungen mit weiteren Elementen, wie etwa einem regelmäßigen Schülerfeedback und mit den Lernenden gemeinsam vereinbarten

Zielen. Überdies beschreibt Helmke (2010, S. 222-228) weitere Maßnahmen, welche sich günstig auf das Klassenklima auswirken können. Dazu zählen ein konstruktiver Umgang mit Fehlern, die Thematisierung von Angst im Unterricht, eine transparente Leistungsbeurteilung, ein Erleben von Erfolgssituationen und ausreichend Bedenkzeit (drei Sekunden) bei Fragen (Helmke, 2010, S. 222-228).

Weitere Maßnahmen, welche ein angenehmes Klassenklima begünstigen, stellen die Miteinbeziehung der Schüler*innen (Regeln, Leitsätze, Maßnahmen) sowie die Übertragung von sozialen (Klassensprecher*in, Klassenratsleitung, Mediation bei Konflikten), organisatorischen und logistischen Aufgaben (Tafel, Klassenbuch, Klassenbücherei) dar (Klaffke, 2015, S. 97-98). Überdies stellt Klaffke (2015, S. 98) fest, dass Kinder, welche Verantwortung für ihre Tischpartner*innen übernehmen (bei Erkrankung, bei Lernschwierigkeiten, bei Fragen) (Klaffke, 2015, S. 98) zu einer angenehmeren Atmosphäre beitragen können, da folglich ein freundliches Miteinander entsteht. Viele Maßnahmen und Methoden sind in der Lage, das zwischenmenschliche Zusammensein günstig zu beeinflussen und somit ein angenehmes, lernförderndes Klima entstehen zu lassen, welches durch weniger auftretende Störungen gekennzeichnet ist. Somit trägt eine freundliche Atmosphäre zur Prävention von Unterrichtsstörungen bei. Wie bereits mehrfach erwähnt, kommt der Prävention (und nicht der Intervention) von Unterrichtsstörungen eine besondere Bedeutung zu.

Nach den Maßnahmen zur Förderung des Klassenklimas folgen nun konkrete Ausführungen zur Methodenvielfalt.

4.1.3 Methodenvielfalt

Konkrete Informationen zu den einzelnen Methoden können in Mattes (2011) oder Borsch (2015) nachgelesen werden. Im Folgenden werden allgemeine Vorschläge zur Methodenvielfalt vorgestellt.

Meyer (2019, S. 84) empfiehlt, den Gruppenunterricht, die Einzelarbeit und den Plenumsunterricht abzuwechseln und dabei eine gleichmäßige Gewichtung vorzunehmen. Zudem zeigt er auf, wie wichtig es ist, dass Lehrpersonen an ihrem Methodenrepertoire arbeiten und insbesondere das kooperative Lernen implementieren (Meyer, 2019, S. 84). Zudem erklärt Helmke (2010, S. 262-263) den Einsatz unterschiedlicher Medien- und Lernorte, die Abwechslung von Lern- und Entspannungsphasen sowie vielfältige Angebote für die unterschiedlichen Sinne (grafisch-visuell, kinästhetisch-szenisches Lernen, Bewegung, Herstellung von physikalischen Modellen) zu essentiellen Elementen einer ausgewogenen

Methodenvielfalt. Die Abwechslung der Methoden vermindert Langeweile und daraus resultierende Störungen. Lohmann (2019, S. 185) verweist darauf, dass Langeweile zu den Hauptursachen von Unterrichtsstörungen zählt. Zudem fördern diese Maßnahmen aufgrund der individuellen Herangehensweisen die kognitive Aktivierung, welche im nächsten Abschnitt beschrieben wird.

4.1.4 Kognitive Aktivierung - Selbstreguliertes Lernen

Wie bereits im Kapitel 3.2.4 beschrieben, zielt die kognitive Aktivierung auf das Vorwissens der Lernenden und auf anregende Aufgaben ab (Lipowsky, 2007, S. 28). Das selbstregulierte Lernen stellt hingegen eine Methode des Wissenserwerbs dar, welches sich verschiedener Strategien bedient (Hasselhorn et al., 2013, S. 325).

In der pädagogischen Psychologie befinden sich viele Hinweise zum Umgang mit Strategien (Woolfolk, 2008, S. 330, 379-381). Lehrpersonen sollen demnach viele unterschiedliche Lernstrategien, wie etwa Unterstreichen, Hervorheben, Markieren oder das Anfertigen von Notizen vermitteln (Woolfolk, 2008, S. 379). Ferner sollen sich die Lernenden mit Übungen, die die Kernbotschaft eines Textes vermitteln, auseinandersetzen und visuelle Organisationshilfen (Mindmap, Grafiken) kennenlernen (Woolfolk, 2008, S. 379-383). Zudem sollen laut Woolfolk (2008, S. 379-383) spezifische Strategien in Mathematik und Deutsch, wie etwa verschiedene Lesestrategien, vermittelt werden. Generell müssen die Lernenden erfahren, wann und wo welche Strategie eingesetzt werden soll. Es soll immer nur eine Strategie auf einmal vermittelt und dabei viel Zeit zum Üben der neuen Strategien eingeplant werden (Woolfolk, 2008, S. 330). Im Allgemeinen ist darauf zu achten, die Lernenden dazu motivieren, die Strategien auch tatsächlich anzuwenden (Woolfolk, 2008, S. 330). Hasselhorn et al. (2013, S. 337) empfehlen ergänzend dazu eine Diagnostik der Kompetenzen des selbstgesteuerten Lernens der Schüler*innen. Die Lernumgebung und die Leistungsanforderung sollen von Lehrpersonen so gestaltet werden, dass ein selbstreguliertes Lernen angeregt wird (Hasselhorn et al., 2013, S. 340-342). All jene Maßnahmen sollen dazu dienen, die Lernenden kognitiv zu aktivieren, um dadurch vielen Störungen vorzubeugen. Die anregenden Aufgaben, die Teil der kognitiven Aktivierung sind, werden im nächsten Abschnitt und im Kapitel 4.1.7 näher beschrieben.

4.1.5 Heterogenität, Individualisierung und innere Differenzierung

Viele Maßnahmen sind dazu in der Lage, den Unterricht und die Lernenden in ihrer Individualität zu fördern. Es kann bei den Instrumenten nach Anspruchsniveau, Verarbeitungsweise, Quantität der Unterrichtsinhalte, Selbstständigkeit, Zeit, Ziel, zusätzlichen Interessen und Kooperationskompetenz differenziert werden (Bönsch, 2009, S. 37). Angepasste Wochenpläne, Angebote verschiedener Lernpfade nach einer gemeinsamen Erarbeitung, Stationen lernen, Lernkarteien, Zusatzmaterial für schnelle Schüler*innen, Wissensüberprüfungsangebote , Differenzierung in den Aufgaben selbst sowie Differenzierung nach Lerntempo, Materialien und Curriculum sowie schließlich auch Tandemunterricht stellen differenzierende Methoden dar (Bönsch, 2015, S. 48–74). Ferner ermöglichen Lerntagebücher, Portfolios oder Lernwerkstätten eine Differenzierung im Unterricht (Salner-Gridling, 2009, S. 85, 93).

Zu Beginn eines neuen Themas sollte außerdem eine Lernstandserhebung erfolgen. Dies kann mittels Placemat (siehe dazu Mattes, 2011, S. 76), einem Themen-ABC (Lernende schreiben die Buchstaben von A bis Z auf den Rand eines Blattes und versuchen Wörter zu dem Thema zu finden), einer Zeichnung oder einem Quiz erhoben werden (Salner-Gridling, 2009, S. 47–49). In Salner-Gridling (2009) finden sich viele weitere Hinweise zur Differenzierung und Individualisierung.

Angebote differenzierter Materialien begünstigen einen störungsfreien Unterricht, da die Lernenden bei fehlendem Verständnis oft mit Unterrichtsstörungen reagieren. Anhand individualisierender Materialien und Aufgaben kann dies im Vorhinein berücksichtigt und an die einzelnen Schüler*innen angepasst werden (Brüning, 2010, S. 5). Trotzdem müssen Lehrpersonen sich bewusst sein, dass es von einer Vielzahl von Faktoren (Unterricht, Familie, Lernpotential, Lernaktivitäten) abhängt, wie effizient das Angebot von den Lernenden genutzt wird (Helmke, 2010, S. 74–75).

Die Umsetzung dieser Anregungen kann überdies die Motivation der Lernenden erheblich steigern. Weitere Möglichkeiten, um Lernende zu motivieren, werden im folgenden Abschnitt beschrieben.

4.1.6 Vielfältige Motivierung

Die einschlägige Literatur gibt viele Hinweise zur Motivierung. Lehrkräfte sollen demzufolge verschiedene Wege anbieten, um ein Lernziel zu erreichen, und dabei ausreichend Zeit für eigenständige Arbeiten zur Verfügung stellen (Woolfolk, 2008, S. 460). Zielkarten eignen sich dazu, Schüler*innen zu motivieren, indem sie ihre persönlichen Ziele und Handlungen aufschreiben, dabei Unterstützung seitens der Lehrperson erfahren, und den Fortschritt immer wieder überblicken (Woolfolk, 2008, S. 460). Positive Rückmeldungen und eine Miteinbeziehung der Interessen der Lernenden können sehr motivierend wirken (Woolfolk, 2008, S. 480). Durch regelmäßige Rückblicke erkennen Kinder, wie viel leichter der Lehrstoff nun fällt (Woolfolk, 2008, S. 480). Vereinbarte Regeln und Grenzen müssen erklärt werden, sodass Kinder zur einer Einsicht und einem Verständnis gelangen können (Woolfolk, 2008, S. 460). Überraschungen, ungelöste Probleme und widersprüchliche Aussagen wecken die Neugier der Lernenden und haben dadurch eine motivierende Wirkung (Helmke, 2010, S. 219). Zudem soll der Lernfortschritt von Schüler*innen ersichtlich gemacht und eine Verbindung von zurückliegenden Anstrengungen und Leistung geschaffen werden (Woolfolk, 2008, S. 460-480). Eine optimistische Grundhaltung der Lehrkraft gegenüber den Lernenden ist für die Motivation essentiell (Lohmann, 2019, S. 150). Verstärkung findet die Motivation durch Freundlichkeit, Akzeptanz, Anerkennung, Ermutigung oder einem freundlichen Lächeln (Dix, 2010, S. 64-65). Lob, etwa in Form eines ‚Daumen nach oben', eines ermutigenden Kopfnickens oder auch eines Gesprächs unter vier Augen, kann ebenso zur Motivierung beitragen. Dabei muss darauf geachtet werden, dass es kontext-, situations- und personenabhängig gegeben wird und fair und kompetenzorientiert ist (Dix, 2010, S. 64). Verschiedene Strategien unterstützen diese Maßnahmen. Dazu zählt, Verantwortung und eine bestimmte Erwartungshaltung zu vermitteln, die Wichtigkeit der Arbeit darzustellen, klare Ziele und Anweisungen zu geben, eine Verknüpfungen zwischen einzelnen Fächern herzustellen, das freie Spielen in den Unterricht zu integrieren, multiple Darstellungswege für eine Aufgabe zu wählen, kreative Gedanken anzuregen und eine Entscheidungsfreiheit einzuräumen (Woolfolk, 2008, S. 490). Durch all diese Maßnahmen können die Lernenden vielfältige Motivierung erfahren. Dadurch wird ungünstigen motivationalen Bedingungen in einer Klasse vorgebeugt, gleichzeitig werden die Lernenden aktiviert und im Umkehrschluss Störungen, welche auf Langeweile basieren, verhindert (Helmke et al., 2015, S. 11).

Das intelligente Üben, welches im nächsten Abschnitt beschrieben wird, trägt auch zur Motivierung von Schüler*innen bei, da eine Anpassung an deren Interessen und Können stattfindet.

4.1.7 Intelligentes Üben

Das intelligente Üben wurde von Meyer (2019) und Helmke (2010) eingehend beschrieben. Helmke (2010, S. 204) empfiehlt, dass Wiederholungen ein selbstverständliches und häufiges, aber kurzes Element im Unterrichtsprozess darstellen. Zu Beginn sollen Lernstandsanalysen mit annähernd passenden Übungsaufgaben erfolgen (Meyer, 2019, S. 110-111). Durch geeignete Übungsformen sollen die Lernenden motiviert werden (Helmke, 2010, S. 204). Anhand der Anpassung der Schwierigkeit von Übungsinhalten an die Lernenden können Erfolgserlebnisse eintreten (Helmke, 2010, S. 204). Die Übungen sollen auf den Vorkenntnissen der Lernenden basieren. Dabei muss das Üben zeitlich segmentiert werden, anstatt es in einem Block abzuhalten (Helmke, 2010, S. 204). Zudem sollen Wiederholungen auch im kooperativen Setting eingeplant werden. Ein variantenreiches Angebot von Übungen steigert sowohl die Motivation als auch die Freude selbst (Helmke, 2010, S. 204). Eine angemessene Vorbereitung, Begleitung und Kontrolle des Übungserfolges durch die Lehrperson ist für das intelligente Üben unerlässlich (Helmke, 2010, S. 204). Zudem sollen die Übungen einen lustbetonten Charakter aufweisen (Raum für Selbsttätigkeit, ausreichend Zeit, Übungserfolg soll unmittelbar durch Selbstkontrolle ersichtlich sein) (Meyer, 2019, S. 105-106). Unterrichtstörungen werden beim intelligenten Üben diskret und beiläufig beseitigt und es herrschen gemeinsam erarbeite Regeln (Materialien, Abläufen, Vorgehensweise) (Meyer, 2019, S. 106). Die Lehrperson würdigt die Übungsleistungen sowie die Hausaufgaben der Schüler*innen (Meyer, 2019, S. 106). Nicht zuletzt sollen die Lernenden das Üben als eine sinnstiftend Tätigkeit erleben (Erfolgserlebnisse, keine stumpfen, langweiligen Aufgaben) (Meyer, 2019, S. 111). Intelligentes Üben ist laut Meyer (2019, S. 106) von wenigen Unterrichtsstörungen gekennzeichnet, da die Schüler*innen kognitiv aktiviert und durch die passgenauen Aufgaben motiviert werden können. Anhand der konkreten Umsetzungsvorschläge, welche auf den empirisch erprobten Merkmalen guten Unterrichts basieren, können viele nützliche Erkenntnisse und Maßnahmen für den Lehr- und Lernprozess gezogen werden. Zudem gibt es weitere Methoden und Aktivitäten, welche sich günstig auf das Unterrichtsgeschehen auswirken. Dazu zählen Regeln, Rituale, Beziehungsmanagement und die Elternarbeit. Diese werden im Folgenden beschrieben.

4.2 Disziplinmanagement: Regeln – Rituale – Klassenrat

Die Herstellung und Aufrechterhaltung einer Disziplin im Lehr- und Lernsetting erfordert ein professionelles pädagogisches Handeln der Lehrperson (Keller, 2014, S. 8). Dies beinhaltet die Differenzierung von Unterrichtsstörungen, eine fundierte Erklärungsanalyse, eine angemessene Reaktion sowie die Prävention von Unterrichtsstörungen (Keller, 2014, S. 8). Regeln, Rituale und der Klassenrat sind in der Lage, Unterrichtsstörungen vorzubeugen, da durch die Vorbildwirkung und durch die kontinuierliche Einübung des erwünschten Verhaltens Schüler*innen mehr Einsicht gewinnen und durch kooperative Methoden in die Erstellung von Regeln miteinbezogen werden.

4.2.1 Regeln

In der Forschung konnte nachgewiesen werden, dass Regeln eine herausragende Stellung im Classroom-Management einnehmen. Die Regeln sind verbindliche Vereinbarungen für das Verhalten in der pädagogischen Institution (Helmke, 2010, S. 180). Konkret bedeutet dies, frühzeitig, am besten in den ersten Wochen nach der Übernahme der Klasse Regeln zu erarbeiten (zum Beispiel: Was geschieht bei frühzeitiger Fertigstellung in der Stillarbeit? Was geschieht bei Regelverletzungen?) (Helmke, 2010, S. 180). Die Lehrperson soll in jenen Wochen viel Zeit in die Erarbeitung der Regeln investieren (Lohmann, 2019, S. 132). Dabei ist essentiell, dass die Regeln den Kindern nicht übergestülpt werden, sondern dass vielmehr eine gemeinsame Erarbeitung erfolgt und ein Verständnis und eine Einsicht gewonnen werden.

Durch Einsicht, Akzeptanz und schulweiter Einigkeit erfahren Regeln die größte Wirksamkeit (Helmke, 2010, S. 180). Je mehr die Lernenden bei der Regelerstellung miteinbezogen werden, desto größter ist deren Kooperationsbereitschaft (Lohmann, 2019, S. 128). Die Miteinbeziehung der Schüler*innen ist demnach von enormer Bedeutung.

Zu Beginn sollte ein Katalog mit wenigen Grundregeln erstellt werden, welcher nach und nach durch weitere (gemeinsam erarbeitete) Regeln ergänzt werden kann (Lohmann, 2019, S. 128). Dabei ist auf eine kontinuierliche Sicherung Wert zu legen. Plakate und Unterschriften der Lernenden unterstreichen den Verbindlichkeitscharakter (Helmke, 2010, S. 180). Zudem sollte eine häufige Evaluation der Klassenregeln stattfinden und ineffektive Regeln gestrichen werden (Lohmann, 2019, S. 132).

Vereinbarungen dienen dem geordneten Zusammenleben und müssen auch befolgt werden. Je klarer die Konsequenzen für regelkonformes und regelverletzendes Verhalten vermittelt werden, desto höher ist der Wirkungsgrad von Regeln (Helmke, 2010, S. 180). Die Konsequenzen sollen unbedingt vor Auftreten der Störung (beispielsweise im Klassenrat) festgelegt sein. Alle Lernenden haben dabei ein Recht auf Transparenz und Schutz vor Willkür. Sinnvolle Konsequenzen sind zeitnah und den Schüler*innen bekannt. Ferner sind die Folgen einer Nichtbeachtung der Regeln unangenehmer als deren Einhaltung (Lohmann, 2019, S. 133–134). Bei kleinen Unaufmerksamkeiten können Entschuldigungen oder ein kleines Wiedergutmachungsangebot nützlich sein (Bönsch, 2018, S. 40). Bei Beleidigungen oder körperlichen Attacken sind laut Bönsch (2018, S. 40) weitergreifende Maßnahmen notwendig, wie etwa die Absage eines schönen Ausfluges oder ein zeitweiser Ausschluss zur Beruhigung. Die Lernenden müssen die Konsequenzen ihres Verhaltens erfahren, denn ausbleibende Konsequenzen würden eine Verstärkung des Verhaltens bedeuten (Bönsch, 2018, S. 40). Bönsch (2018, S. 40) verweist darauf, dass Lehrpersonen einen Balanceakt im Unterricht vollziehen müssen, indem sie weder mit autoritärer noch mit allzu libertärer Pädagogik agieren. Dieser Mittelweg ist in der Lage, erfreuliche Beziehungen zu gestalten (Bönsch, 2018, S. 40).

Die Regelfindung kann durch drei Arten stattfinden (Lohmann, 2019, S. 128–130).

Lohmann (2019) bezeichnet sie als offene, halboffene oder von der Lehrperson gesteuerte Erarbeitung. Wie bereits zuvor erwähnt, ist die Kooperation der Schüler*innen jedoch essentiell, um Einsicht, Akzeptanz und Wirksamkeit der Regeln zu gewinnen. Daher wird in dieser Arbeit lediglich die offene Variante beschrieben.

Bei der offenen Variante werden die Lernenden gefragt, wie sie sich verhalten sollen, damit sich alle wohl fühlen und lernen können (Lohmann, 2019, S. 128). Die Kinder können entweder in Einzelarbeit oder in Gruppenarbeit fünf bis zehn Regeln aufschreiben und bearbeiten. Anschließend werden die Ergebnisse gesammelt, in verschiedene Bereich unterteilt und ähnliche Aussagen zusammengefasst. Die drei bis sieben wichtigsten Regeln werden durch Abstimmung vereinbart (Lohmann, 2019, S. 128).

Bei der Regelerstellung können folgende Aspekte als nützliche Hilfestellungen betrachtet werden (Lohmann, 2019, S. 129):

- je weniger, desto vorteilhafter (nicht mehr als insgesamt sieben Regeln zu: Bewegung, Kommunikation, Umgang oder Eigentum)
- Frage: Ist diese Regel wirklich nötig?
- kurze und verständliche Regeln
- verbindliche ich-Formulierung (Ich höre zu und lasse andere ausreden.)
- beobachtbar (Ich helfe anderen.)
- als Gebot formulieren (nicht als Verbot)
- Frage: Ist die Regel durchsetzbar, was passiert bei Nicht-Befolgung? (Lohmann, 2019, S. 129)

Als Beispiele für Regeln nennt Lohmann (2019, S.130-131):

- Ich respektiere das Eigentum und die Rechte von anderen.
- Ich rede ruhig und höre den anderen zu.
- Wenn ich etwas sagen will, melde ich mich und warte ruhig, bis ich an der Reihe bin.
- In Phasen von Gruppenarbeiten flüstere ich.
- Essen und Trinken darf ich in den Pausen.
- Hervorgehoben wird das erwünschte Verhalten und nicht das, was verboten ist (Lohmann, 2019, S. 129-131).

Die Regeln dienen dazu, das Verhalten und die Beziehungen untereinander zu regulieren und Klarheit zu verschaffen (Träbert, 2019, S. 23). Die Regelvermittlung kostet am Anfang zwar mehr Zeit, sie führt danach allerdings zu einem störungsärmeren Unterricht (Träbert, 2019, S. 23). Somit sind Regeln essentielle Bausteine, um Unterrichtsstörungen zu vermindern und Klarheit und Struktur im Unterricht zu schaffen.

4.2.2 Rituale

Zusätzlich zu den Verhaltensvereinbarungen kann durch die Einführung von Ritualen und Routinen die Verhaltenssicherheit erhöht werden. Rituale sind wiederkehrende, einheitliche Abläufe für bestimmte Situationen, wie etwa der Stundeneröffnung oder der Ablauf einer Gruppenarbeit (Lohmann, 2019, S. 134). Die Routinen weisen Orientierungshilfen auf und sie schaffen Klarheit über

Handlungsabläufe (Träbert, 2019, S. 23). Sie geben zudem Sicherheit und bewirken dadurch mehr Ordnung und weniger Störungen im Unterricht (Träbert, 2019, S. 23). Rituale müssen ebenso wie Regeln sorgfältig eingeführt und gepflegt werden (Harting, 2012, S. 11). Ferner verändern sich die Gegebenheiten immer wieder, sodass Routinen mit den Lernenden weiterentwickelt oder durch neue ersetzt werden müssen (Harting, 2012, S. 11). Am besten werden die Rituale vor der Aktivität eingeführt, bei der sie in Zukunft zum Einsatz kommen sollen (Dix, 2010, S. 37–38). Es soll jedoch zu keiner Automatisierung kommen, vielmehr sollen die Lernenden zur Einsicht gelangen und den dahinter stehenden Sinn der Handlungsabfolge erkennen (Harting, 2012, S. 11). Sind die Routinen den Lernenden bekannt, kann viel mehr Zeit für die Unterrichtsphase verwendet werden (Lohmann, 2019, S. 134). Akustische Signale sowie Visualisierungen können den Routinen dienlich sein (Lohmann, 2019, S. 134).

Dix (2010, S. 44–45) formuliert sachdienliche Hinweise, wie Routinen eingeführt werden sollten:

- immer nur ein Ritual auf einmal einführen
- es muss offensichtlich sein, welches Verhalten erwartet wird
- positive Formulierung
- Anpassen an die Bedürfnisse der Schüler*innen
- zur Verinnerlichung Lieder, Symbole, Bilder, Rollenspiele verwenden oder das erwünschte Verhalten vormachen (Dix, 2010, S.44–45)

Situationen, in denen Rituale zur Anwendung kommen können, sind beispielsweise morgendliche Begrüßung, Morgenkreis, Einstieg in den Unterricht, beim Singen, beim Anstellen, bei der Durchführung von Spielen und Entspannungsübungen (Helmke, 2010, S. 183–185). Zudem können auch Rituale zur Gruppen- und Stillarbeit, bei Unruhe, für Auszeiten, bei der Hausaufgabenkontrolle, für das Aufräumen, für die Sicherung des Stundenergebnisses, beim Verlassen des Klassenraumes oder für den Umgang mit Essen, Trinken, Kaugummi kauen und Toilettengang eingeführt werden (Lohmann, 2019, S. 134–136).

Durch das Einüben von Regeln, Ritualen und Routinen kann die Verhaltenssicherheit der Schüler*innen gesteigert und kostbare Zeit für den Unterrichtsprozess gewonnen werden (Lohmann, 2019, S. 134). Das wiederkehrende Element unterstützt bei der Bewältigung von neuen Situationen, sie strukturiert das Beisammensein und stärkt dadurch das Zusammengehörigkeitsgefühl (Träbert, 2019, S. 23). Die eindeutigen Handlungsabläufe vermindern Störungen im Lehr- und Lernprozess. Deshalb sorgen Rituale für einen reibungslosen Unterricht (Harting, 2012, S. 15). Eine weitere Methode, welche in der Lage ist, das Verhalten von Lernenden günstig zu beeinflussen und Störungen zu vermindern, stellt der Klassenrat dar.

4.2.3 Klassenrat

Der Klassenrat ist eine Konferenz von Schüler*innen, welche wöchentlich mit allen Lernenden einer Klasse im Sitzkreis abgehalten wird (Schubarth & Zylla, 2016, S. 136). Der Klassenrat kann mehrere Funktionen innehaben. So können im Klassenrat die Organisation von Abläufen, anstehende Veranstaltungen, die Dienste in der Klasse sowie Klassenfahrten besprochen werden (Lohmann, 2019, S. 124). Behandelt werden zudem Themen aus der Lebenswelt der Kinder (Friedrichs, 2014, S. 22). Der Klassenrat dient als eine gesetzgebende Versammlung, in der Entscheidungen über Klassenregeln und Konsequenzen getroffen werden (Lohmann, 2019, S. 124). Es herrscht eine klare Rollenverteilung unter den Versammelten (Schubarth et al., 2016, S. 136). Alle Personen sind gleichberechtigt, die Lehrperson greift nur bei Unklarheiten und Regelverletzungen ein. Die Schüler*innen lernen, Verantwortung zu übernehmen, Entscheidungen zu treffen und ihre Angelegenheiten gemeinsam kooperativ zu lösen (Lohmann, 2019, S. 124).

Die Elemente des Klassenrats sind:

- eine Moderationsleitung (achtet auf die Einhaltung der Regeln, ruft die Tagungspunkte auf, führt die Rednerliste, erteilt das Wort, stellt Verständnis- und Abstimmungsfragen, kümmert sich um das Festhalten und Abzählen der Stimmen)
- ein Kind, dass das Protokoll führt (Eintragung der wichtigsten Ergebnisse in das Klassenbuch, Festhalten der Anwesenheit, Themen und Abstimmungen)
- ein Kind, das auf die Zeit achtet (mahnt bei zu langer Rede, klingelt bei Unsachlichkeit) (Lohmann, 2019, S. 125).

Die Ämter sollen regelmäßig gewechselt werden. Es wird darauf geachtet, dass keine Freundschaftsbeziehungen zu Tage treten und Kinder gewählt werden, die dieses Amt noch nicht inne hatten (Friedrichs, 2014, S. 36).

Für den Klassenrat gelten allgemein folgende Regeln:
- kein Zwang zur Teilnahme
- alle können sich sehen
- respektvolle Sprache
- Person mit Sprechstein spricht
- Handzeichen sind erlaubt (Lohmann, 2019, S, 125)

Der Ablauf gestaltet sich nach einem bestimmten Schema, welches im Folgenden nach Lohmann (2019, S. 126–127) angegeben wird. Zu Beginn begrüßt die Moderationsleitung alle Schüler*innen und sie erinnert an den Zweck des Klassenrats (beispielsweise Lösung eines Konfliktes). Danach wird der Klassenrat von der Leitung eröffnet (Lohmann, 2019, S. 126). Daraufhin äußert jede Person in einem Blitzlicht, was vergangene Woche gut gelaufen ist, oder sie lobt ein Kind für ein bestimmtes Verhalten (Mit dem Standardsatz: „Ich fand gut, dass"). Sodann wiederholt die protokollführende Person die Beschlüsse der letzten Woche und fragt die Teilnehmenden, ob sie mit der Umsetzung zufrieden sind (Lohmann, 2019, S. 126). Im Anschluss daran bespricht die Leitung die anstehenden Themen und fragt, ob das Problem noch besteht (die Themen können in der Klasse innerhalb einer Woche auf einer Liste mit Namensangabe vermerkt werden) (Lohmann, 2019, S. 126). Bei der Problembesprechung dürfen die Betroffenen die Dinge aus ihrer Sicht darlegen. Daraufhin werden Lösungsvorschläge erarbeitet und gesammelt (Lohmann, 2019, S. 127). Die Betroffenen wählen eine Lösung aus oder es wird ein Vorschlag mit den meisten Stimmen gewählt (die Protokollleitung hält dies fest). Dass Kind, das auf die Zeit achtet, entscheidet, ob noch Zeit für weitere Punkte vorhanden ist. Andernfalls beschießt die Leitung die Sitzung und bedankt sich bei den teilnehmenden Kindern (Lohmann, 2019, S. 127).

Der Klassenrat dient zum Einüben demokratischer Verhaltensweisen und dient als ein Instrument zur Problemlösung. Er fördert den Klassenverband, da Konflikte und Störungen behandelt werden. Zudem werden soziale und kommunikative Kompetenzen gefördert (Lohmann, 2019, S. 124).

Anhand der Thematisierung von Konflikten kann ein konstruktives Klassenklima mit einer positiven Grundhaltung geschaffen werden. Diese Atmosphäre und die Behandlung von Störungen können zu einer Verminderung von Unterrichtsstörungen führen.

Wie bereits im Kapitel 3.2.2 beschrieben, wird durch ein angenehmes Klassenklima die bestmögliche Voraussetzung für das Lernen geschaffen und ferner vermindert sich die Störungsrate in einer lernförderlichen Atmosphäre, welche durch Respekt, Regeln und Verantwortungsübernahme gekennzeichnet ist (Meyer, 2019, S. 47; Lohmann, 2019, S. 118). Detaillierte Informationen zum Klassenrat können bei Friedrichs (2014) oder Lohmann (2019) gefunden werden.

Neben dem Klassenrat kann auch über die Beziehungsebene Störungen vorgebeugt werden, da die Qualität der Beziehung Einfluss auf den Lernprozess nimmt (Hasselhorn et al., 2013, S. 249).

4.3 Beziehungsebene

Beziehungen sind essentielle Bestandteile in der Entwicklung von Kindern. In der Schule erweitert sich dieses Element mit einer neuen Bezugsperson: der Lehrkraft (Bolz, 2017, S. 14). In der Schule findet keine reine Wissensvermittlung statt, denn neben dem Bildungsauftrag hat die Lehrperson auch einen Erziehungsauftrag (Miller, 2011, S. 14). Dabei ist eine professionelle Beziehung zu den Schüler*innen essentiell, welche durch eine Balance von Distanz und Nähe gekennzeichnet ist (Lohmann, 2019, S. 99). Gerade bei Kindern, die den Unterricht häufig stören, kann sich die Beziehungsarbeit als herausfordernd darstellen. Indessen hat die Qualität der Beziehung zwischen der Lehrkraft und den Lernenden einen Einfluss auf den Lernprozess (Hasselhorn et al., 2013, S. 249). Neben dem Disziplinmanagement (Regeln und Rituale) und der Unterrichtsebene räumt Lohmann (2019, S. 97–149) der Beziehungsebene eine immense Bedeutung im Umgang mit Unterrichtsstörungen ein. Bolz (2017, S. 15) gibt an, dass die Schulstruktur, die Klassenstruktur sowie die Interaktion mit den Lernenden die Beziehungsqualität beeinflussen. Dabei nimmt die Lehrkraft eine bedeutende Rolle ein, da sie auf alle drei Ebenen einwirken kann (Bolz, 2017, S.15).

Eine Grundlage der Beziehungsgestaltung stellt der Perspektivenwechsel der Lehrperson dar, welcher durch Empathie und Feingefühl gekennzeichnet ist (Bolz, 2017, S. 15). Eine fördernde Beziehung ist von Verständnis, von der Berücksichtigung der Interessen der Kinder, von der Reflexion des eigenen Handelns, von Respekt und von wertschätzendem Feedback seitens der Lehrperson gekennzeichnet (Bolz, 2017, S. 15).

Miller (2011, S. 55–56) beschreibt, dass mehrere Elemente wie etwa die Selbstbetrachtung, die Beziehungsklärung, die Grundphänomene in menschlichen Beziehungen und die Modelle des Beziehungslernens in Gruppen auf die Beziehungsdidaktik einer Lehrperson einwirken. Wenn die Selbstbetrachtung sich in Egoismus verwandelt oder ins andere Extrem, in die Vernachlässigung, hat das massive Auswirkungen auf die Beziehungsebene (Miller, 2011, S. 55–56). Die Beziehungsklärung wird von Miller (2011, S. 56) durch Rückmeldungen, durch Konflikte, durch Verstehen und durch verbale und nonverbale Kommunikation definiert. Lehrkräfte benötigen viel Verständnis und Wissen, um in dieser Ebene professionell handeln zu können (Miller, 2011, S.56). Als Grundphänomene sieht er beispielsweise Einfluss, Macht, Liebe, Kränkung, Hass, Schuld, Angst und Aggression (Miller, 2011, S. 56). Miller (2011, S. 56) meint, dass es entscheidend sei, wie Personen mit diesen Phänomenen umgehen und was sie bei einer Person auslösen. Zuletzt beschreibt er, dass Beziehungsfähigkeit nur dort gelernt werden kann, wo sich zwischenmenschliche Beziehungen ereignen. Deswegen sollen Lehrpersonen vielfältige Möglichkeiten in Übungsfeldern wie etwa der Selbsterfahrung, einer Fortbildung, einer Supervision, einer Hospitation und der Teamarbeit erhalten, sodass ein vertieftes Beziehungslernen stattfinden kann (Miller, 2011, S. 56). Miller (2011, S. 56) zeigt auf, dass fundiertes Wissen, reflektierte Erfahrungen und ein systematisches Vorgehen seitens der Lehrkräfte unabdingbar sind, damit eine professionelle Haltung und eine qualitätsvolle Beziehungsdidaktik in die Beziehungsarbeit einfließen können.

Konkret sollen Lehrpersonen einen achtsamen Umgang mit den Schüler*innen wahren, in welchem keine Machtausübung erfolgt und Ängste thematisiert und transformiert werden (Bolz, 2017, S. 16). Der Leistungsdruck wird entschärft und auf Basis der Selbstreflexion werden störende und fördernde Verhaltensmuster der Lehrperson analysiert und gegebenenfalls adaptiert (Bolz, 2017, S. 16). In einer gelingenden Beziehungsebene zeigt die Lehrperson echtes Interesse an den Lernenden und sie respektiert sie als Menschen (Lohmann, 2019, S. 100). Zudem nimmt die Lehrperson eine wertschätzende Haltung ein. Sie agiert engagiert, verlässlich, konsequent, freundlich, lobend und humorvoll, ohne den professionellen Rahmen dabei zu verlassen (Lohmann, 2019, S. 100).

Lehrpersonen sollen sich über ihr Auftreten, über ihre Körpersprache und über ihre Sprache bewusst sein, da diese ebenso auf die Beziehung von Lernenden und Lehrkräften einwirken (Lohmann, 2019, S. 97–99). Als Beispiele für den Unterricht nennt Lohmann (2019, S. 102–104, 186) Erwartungscollagen, Steckbriefe,

Rollenspiele oder das Mitbringen persönlicher Gegenstände um Beziehungen zu knüpfen und zu pflegen.

Die beschriebenen Ansatzpunkte bieten Lehrpersonen eine Möglichkeit, die Beziehungsqualität zu ihren Schüler*innen zu verbessern und dadurch viele Unterrichtsstörungen zu vermeiden, da die Bedürfnisse der Lernenden ernst genommen werden und der Umgang von gegenseitigem Respekt getragen wird. Viele weitere Aspekte (beispielsweise Humor und systemische Techniken) wirken auf die Beziehungsebene ein. Jedoch können diese aufgrund des Ausmaßes dieser Arbeit nicht ausführlicher beschrieben werden.

4.4 Elternarbeit

Die Erziehung im familiären Umfeld hat einen maßgeblichen Einfluss auf das Verhalten und das Lernen von Kindern in der Unterrichtszeit (Fesler, 2014, S. 43). Wie lange und wie intensiv ein Kind lernt, hängt von motivationalen, kognitiven und volitionalen Lernvoraussetzungen ab (Helmke, 2010, S. 82). Dabei nimmt das familiäre Umfeld eine überragende Wichtigkeit sowohl aus verhaltensgenetischer als auch sozialisationstheoretischer Sicht ein (Helmke, 2010, S. 82). Helmke (2010, S. 82) meint, dass auch die beste schulische Ausbildung zum Scheitern verurteilt sei, wenn die Eltern kein Interesse an der Bildung und dem Schulerfolg ihrer Kinder haben. Deshalb empfiehlt Lohmann (2019, S. 136), sich als Lehrperson ein präventives Unterstützungsnetzwerk aufzubauen. Lehrpersonen sollen demnach frühzeitig eine Kooperation mit den Eltern beziehungsweise den Erziehungsberechtigten suchen, bevor tatsächliche Probleme oder Störungen entstehen (Lohmann, 2019, S. 136). Dabei ist auf eine kontinuierliche Rückmeldung zur schulischen Entwicklung des Kindes zu achten (Lohmann, 2019, S. 136). Hausaufgabenhefte, in denen beide Parteien kurze Mitteilungen schreiben, sind für diesen Zweck geeignet. Zudem sollen die Erziehungsberechtigen darüber informiert werden, welche Erziehungsphilosophie, welche pädagogischen Ziele, welche Disziplinvorstellung, welche Klassenregeln und Konsequenzen die Lehrperson in ihrer Klasse anwendet (Lohmann, 2019, S. 136). Eine Kenntnisnahme seitens der Eltern sollte erfolgen. Ziel der Elternarbeit ist es, die Eltern zu involvieren und sie zu einer positiven Einstellung gegenüber der schulischen Erziehung zu bringen (Fesler, 2014, S. 43). Schließlich tragen die Eltern mit dem pädagogischen Personal zum schulischen Erfolg der Kinder bei (Lohmann, 2019, S. 163). Konkret sollen Lehrpersonen regelmäßig Informationen von Eltern einholen, Ängste und Sorgen ernst nehmen, bei Problemgesprächen zuvor immer etwas Positives äußern und konstruktive Gespräche führen, welche zielorientiert sind (Lohmann, 2019, S. 216-217). Zudem sollen verschiedene Zugangswege genutzt (Elternsprechtag, Elternbrief, Briefverkehr und Gespräche) und auf ein gemeinsames Ziel (erfolgreicher Abschluss) hingewiesen werden (Fesler, 2014, S. 47). Die Elternarbeit trägt zu einer positiven Veränderung des Verhaltens der Lernenden bei, wodurch zahlreiche Störungen vermieden werden können (Fesler, 2014, S. 43). Die Beziehungsgestaltung soll dabei, wie bereits im Kapitel 4.3 beschrieben, von Empathie, Feingefühl, Verständnis und wertschätzendem Feedback gekennzeichnet sein (Bolz, 2017, S. 15).

Die Koalition mit den Erziehungsberechtigten stellt neben dem Disziplinmanagement und der Implementierung der Merkmale eines guten Unterrichts eine wesentliche Säule in der Prävention von Unterrichtsstörungen dar.

Resümee

Anhand der obigen Ausführungen wurde deutlich, dass Unterrichtsstörungen eine komplexe Konstruktion darstellen, welche von vielen Seiten Wechselwirkungen erfährt. Der Begriff findet keine einheitliche Verwendung in der Literatur, vielmehr gibt es unzählige Definitionen von Unterrichtsstörungen. Dies zeigt, dass unterschiedliche Faktoren wie Zeitpunkt, Wahrnehmung oder Verhalten zu unterschiedlichen Bezeichnungen führen.

Bei den Beeinträchtigungen im Lehr- und Lernprozess nimmt die individuelle Wahrnehmung eine essentielle Rolle ein. Personen beurteilen Geschehen und Verhalten unterschiedlich, sodass anzunehmen ist, dass Unterrichtsstörungen stets in subjektiver Weise betrachtet werden. So können sich Lehrpersonen und Schüler*innen gestört fühlen. Außerdem können Unterrichtsstörungen sowohl von den Lernenden als auch von der Lehrperson selbst hervorgerufen werden. Überdies können äußere Rahmenbedingungen oder die pädagogische Institution selbst Anlass zu einer Störung geben.

Lehrpersonen sollen sich bewusst vor Augen halten, dass Unterricht ein Angebot darstellt, welches im besten Fall Lernprozesse bei Schüler*innen initiiert und Kompetenzen und Bildungsziele erreichen lässt (Helmke, 2010, S. 74). Die Nutzung des Angebots hängt von einer Vielzahl von Faktoren ab, wie etwa der Lehrperson, dem Unterricht, der Familie, dem Lernpotenzial, den Lernaktivitäten und dem Kontext (Helmke, 2010, S. 74–75). Somit kann eine Lehrperson ein pädagogisch-didaktisches Angebot darreichen. Die Wirkung und die Nutzung sind indessen von vielfachen Faktoren abhängig. Unterricht stellt somit ein komplexes Konstrukt dar, welches von vielen Seiten Wechselwirkungen erfährt.

Diese Arbeit soll eine allgemeine Hilfe für den täglichen Unterricht darstellen. Dank den Forschungsergebnissen von Kounin (2006), Meyer (2019), Helmke (2010) und Lipowsky (2007) konnte aufgezeigt werden, dass der Schlüssel zu einem erfolgreichen Unterricht in der Störungsprävention liegt. Es existiert dabei jedoch kein einheitlicher Königsweg. Es liegt an jeder einzelnen Lehrperson, sich kritisch zu hinterfragen, die Merkmale eines guten Unterrichts im Lehr- und Lernprozess zu implementieren und dabei sowohl an der Disziplinmanagementebene als auch an der Beziehungsebene zu arbeiten. Viele der konkreten Maßnahmen unterstützen Lehrpersonen darin, Unterrichtsstörungen vorzubeugen. Das Implementieren von Ritualen, Regeln oder auch des Klassenrats tragen zu einem störungsärmeren Unterricht bei. Viele weitere Faktoren, welche im

Zusammenhang mit den Unterrichtsstörungen von Bedeutung sind (beispielsweise der Umgang mit Sanktionen und Interventionen), konnten aufgrund des begrenzten Umfangs dieser Arbeit nicht thematisiert werden.

Ein störungsfreier Unterricht stellt eine Utopie dar. Gleichzeitig gibt es den guten Unterricht per se nicht. Auch die Auswahl der Merkmale eines guten Unterrichts stellt keine einheitliche Theorie dar. Vielmehr sind sie empirisch belegte Kennzeichen, welche sich fördernd auf den Unterricht auswirken und Störungen dadurch vorbeugen können. Schließlich ist jede Lehrkraft angehalten, sich mit ihrem eigenen Unterricht auseinanderzusetzen und diesen weiterzuentwickeln. Lehrpersonen können Unterrichtsstörungen somit am besten vorbeugen, wenn sie die Merkmale eines guten Unterrichts in ihren eigenen Unterricht implementieren und gemeinsam eingeführte Regeln und Rituale als selbstverständliche Elemente des Lehr- und Lernprozesses betrachten.

Kritisches Fazit und Ausblick

Während des Schreibprozesses wurde immer deutlicher, dass das Thema der Unterrichtsstörungen von sehr vielen Seiten beeinflusst wird. Mühelos könnte eine ganze Bücherreihe zu diesem Thema verfasst werden. Dadurch wurden in dieser Arbeit nicht alle Merkmale eines guten Unterrichts berücksichtigt. Zudem konnte weder auf Sanktionen noch auf Interventionen eingegangen werden. Viele weitere Fragen, wie etwa „Wann ist eine Intervention notwendig?" oder „Welche Sanktionen sind angebracht?", konnten deshalb nicht beantwortet werden. Gerne wäre die Autorin außerdem auf eine gewaltfreie Kommunikation, auf das richtige Loben und auf einen konstruktiven Umgang mit Fehlern eingegangen. Dies musste jedoch unterbleiben, um den Rahmen dieser Arbeit nicht zu sprengen.

Zudem sind viele weitere konkrete Umsetzungsmaßnahmen nicht angesprochen oder nur oberflächlich thematisiert worden. Auch die Elternarbeit wurde nur kurz angerissen. Zusätzliche Studien wie die Scholastik-Studie oder Konzepte wie beispielsweise der Linzer Diagnosebogen konnten nicht beschrieben werden. Die dargelegten Studien fanden meist nur eine kurze Beschreibung oder Erwähnung, obgleich diese häufig mehrere Bücher füllen. Selbst die Definition der Begriffe wurde nur ansatzweise untersucht, da fast alle Autoren eine eigene Definition anbieten. Während der Bearbeitung wurde erst deutlich, welch großen Einfluss die Prävention im Zusammenhang mit den Unterrichtstörungen hat.

Schließlich muss gesagt werden, dass die Arbeit einen groben Überblick zu den Unterrichtsstörungen bietet. Für genauere Informationen ist es notwendig, zusätzliche Literatur zu betrachten, da diese Arbeit dem Anspruch fachlicher Vollständigkeit unmöglich gerecht werden kann.

Kritisch anzumerken ist, dass Studien und empirische Erkenntnisse lediglich Teilaspekte erforschen können, da die Miteinbeziehung aller Faktoren nicht möglich ist. So ist vorstellbar, dass bedeutende Elemente der Unterrichtsstörung fehlen, da sie objektiv nicht ausreichend beobachtbar sind. Ferner gibt es kein allgemeingültiges Verständnis darüber, wie mit Unterrichtsstörungen umzugehen ist, da dies unter anderem von individuellen Aspekten (Lehrperson, Lernenden, Wechselwirkung in den Beziehungen und vieles mehr) abhängt.

Durch die vertiefe Auseinandersetzung mit dem Thema wurde deutlich, dass dieses Wissen noch viel mehr in die Ausbildung der Studierenden integriert werden muss, sodass sich angehende Lehrkräfte befähigt fühlen, Unterrichtsstörungen professionell zu begegnen.

Literaturverzeichnis

Achour, S. (2015). Heterogenität im Politikunterricht. In P. Massing, T. Debus, S. Achour & B. Debus (Hrsg.), Wochenschau. Politik und Wirtschaft unterrichten. 66. Jahrgang. Sonderausgabe. Sek I+II, 4–7.

Arnold, K.-H. (2009). Unterricht als zentrales Konzept der didaktischen Theoriebildung und der Lehr-Lern-Forschung. In K-H. Arnold, U. Sandfuchs, & J. Wiechmann (Hrsg.), Handbuch Unterricht (S. 15–22). Bad Heilbrunn: Klinkhardt.

Artelt, C., Demmrich, A. & Baumert, J. (2001). Selbstreguliertes Lernen. In Deutsches Pisa-Konsortium (Hrsg.), PISA 2000. Basiskompetenzen von Schülerinnen und Schülern im internationalen Vergleich, 271–298. https://doi.org/10.1007/978-3-322-83412-6

Bohl, T & Kucharz, D. (2010). Offener Unterricht heute. Konzeptionelle und didaktische Weiterentwicklung. Weinheim: Beltz.

Bolz, T. (2017). Ohne Beziehung keine Erziehung. Grundschule, 49(1), 14–18.

Bönsch, M. (2009). Methodik der Differenzierung. Ordnung und Umsetzungsmöglichkeiten von Differenzierungsformen. Pädagogik, 9, 36–40.

Bönsch, M. (2015). Heterogenität ist Alltag – Differenzierung ist die Antwort. Pädagogik und Didaktik für heterogene Lerngruppen. Stuttgart: Dr. Josef Raabe Verlag.

Bönsch, M. (2018). Ein Plädoyer für die Disziplin. Disziplin, Regeln, Sanktionen. Grundschule, 49(5), 38–40.

Borich, G. (2017). Effective teaching methods: Research-based practice. (9th Edition). Austin: Pearson.

Borsch, F. (2015). Kooperatives Lernen. Theorie- Anwendung- Wirksamkeit. (2., überarbeitete und erweiterte Auflage). Stuttgart: Kohlhammer.

Brägger, G. & Posse, N. (2007). Kooperatives Lernen in Lehrer- und Schülertrainings. In Landesprogramme Bildung und Gesundheit Nordrhein-Westfalen, Hessen und Schweiz (Hrsg.), Instrumente für die Qualitätsentwicklung und Evaluation in Schulen (IQES) - Band 1: Schritte zur guten Schule (S. 86–95). Bern: H.e.p.-Verlag.

Brockhaus. (o. A.). Störung. Abgerufen von https://brockhaus.de/search/?q=st%c3%b6rung&t=enzy&s=article&start=70

Brüning, L. (2010). Störungsfrei unterrichten. Klassenmanagement als Basis erfolgreicher Lehr- und Lernprozesse. Praxis Schule, 4, 4–8.

Brüning, L. & Saum, T. (2009). Erfolgreich unterrichten durch Kooperatives Lernen 2. Neue Strategien zur Schüleraktivierung Individualisierung - Leistungsbeurteilung Schulentwicklung. Essen: Neue Deutsche Schule.

Brüning, L.& Saum, T. (2011). Schüleraktivierendes Lehren und Kooperatives Lernen – ein Gesamtkonzept für guten Unterricht. In GEW NRW (Hrsg.), Frischer Wind in den Köpfen (Sonderdruck) (S. 5–13). Bochum: Neue Deutsche Schule.

Brüning, L. & Saum, T. (2016). Individuelle Förderung durch Kooperatives Lernen. Auf die Praxistauglichkeit kommt es an. In I. Kunze & C. Solzbacher (Hrsg.), Individuelle Förderung in der Sekundarstufe I und II. (5. aktualisierte Auflage) (S. 95–111). Baltmannsweiler: Schneider Verlag Hohengehren.

Bundesministerium Bildung, Wissenschaft und Forschung. (2005). Lehrplan der Volksschule. Abgerufen von https://www.bmbwf.gv.at/Themen/schule/schulpraxis/lp/lp_vs.html

Büttner, G., Decristan, J& Adl-Amini, K. (2015). Kooperatives Lernen in der Grundschule. In C. Huf & I. Schnell (Hrsg.), Inklusive Bildung in Kita und Grundschule (S. 207–220). Stuttgart: Kohlhammer.

Daugs, H. (2009). Unterrichtsstörungen - Wer stört denn hier?! Grundschule, 41(12), 21–23.

Dix, P. (2010). Erfolgreiches Classroom-Management. Strategien für eine optimale Klassenführung; Konflikte lösen und Beziehungen aufbauen; Wertvolle Tipps und Praxisbeispiele. Hallbergmoos: Aulis Verlag in der Stark Verlagsgesellschaft.

Dudenredaktion. (2020). Störung. Abgerufen am 01.05.2020 von https://www.duden.de/rechtschreibung/Stoerung

Edelmann, W. (2003). Intrinsische und extrinsische Motivation. Grundschule, 35(4), 30–32.

Eichhorn, C. (2015). Vorausschauend handeln - Durch Classroom-Management Unterrichtsstörungen vermeiden. In C. Bietz, T. Klaffke, G. Lohmann, A. Textor & R. Werning (Hrsg.), Friedrich Jahresheft. Unterrichtsstörungen. 36–39.

Emmer, E. T. & Evertson, C. M. (2012). Classroom Management for Middle and High School Teachers (ninth edition). Boston: Pearson.

Feindt, A. & Meyer, H. (2010). Kompetenzorientierter Unterricht. Die Grundschulzeitschrift, 237, 29–32.

Fesler, C. M. (2014). Unterrichtsstörungen. Präventions- und Interventionskonzepte im Schulalltag. Eine theoriebasierte Studie. Hamburg: Diplomica Verlag.

Friedrichs, B. (2014). Praxisbuch Klassenrat. Gemeinschaft fördern, Konflikte lösen (2. Auflage). Weinheim und Basel: Beltz Verlag.

Glöckel, H. (2003). Vom Unterricht. Lehrbuch der Allgemeinen Didaktik. Bad Heilbrunn: Verlag Julius Klinkhardt.

Harting, A. (2012). Rituale und Classroom Management. Tipps für die effiziente Nutzung der Lernzeit. Schulmanagement, (2), 11–15.

Hasselhorn, M., & Gold, A. (2013). Pädagogische Psychologie: Erfolgreiches Lernen und Lehren (3., vollständig überarb. und erweiterte Aufl.). Stuttgart: Kohlhammer.

Hattie, J. (2012). Visible Learning for teachers. Maximizing impact on learning. London: Routledge.

Heckt, D. H. (2009). Störungsgedanken. Wie gutes Classroom Management zur Entstörung beiträgt. Grundschule, 41(12), 18–19.

Helmke, A. (2010). Unterrichtsqualität und Lehrerprofessionalität. Diagnose, Evaluation und Verbesserung des Unterrichts (3. Auflage). Seelze-Velber: Kallmeyer in Verbindung mit Klett.

Helmke, A & Helmke, T. (2014). Wie wirksam ist gute Klassenführung? Effiziente Klassenführung ist nicht alles, aber ohne sie geht alles andere gar nicht. Lernende Schule, 65, 9–12.

Helmke, A. & Helmke, T. (2015). Wie wirksam ist gute Klassenführung? Effiziente Klassenführung ist nicht alles, aber ohne sie geht alles andere gar nicht. Lernende Schule,17, 7–11.

Helmke, A., Helmke, T. & Phom, G. (2013). Unterrichtsqualität und Unterrichtsdiagnostik. In A. Besand (Hrsg.), Lehrer- und Schülerforschung in der politischen Bildung (S. 17–30). Schwalbach, Taunus: Wochenschau Verlag.

Hess, M. & Lipowsky, F. (2017). Lernen individualisieren und Unterrichtsqualität verbessern. In F. Heinzel & K. Koch (Hrsg.), Individualisierung im Grundschulunterricht. Anspruch, Realisierung und Risiken (S. 23–31). Wiesbaden: Springer.

Heymann, H. W. (2012). Schüler beim Aufbau von Kompetenzen unterstützen. Abgerufen von https://www.beltz.de/fachmedien/paedagogik/zeitschriften/paedagogik/themenschwerpunkte/ueben_anwenden_vertiefen.html

Imlinger, E. (2013). Unterrichtsstörung. Prävention ist besser als Intervention. Abgerufen von https://www.schule.at/fileadmin/DAM/schuleat/Bilder/Gesamtartikel_Unterrichtsstoerung_Praevention_ist_besser_als_Intervention.pdf

Keller, G. (2014). Disziplinmanagement in der Schulklasse. Wie Sie Unterrichtsstörungen vorbeugen und bewältigen (2. aktualisierte Auflage). Bern: Verlag Hans Huber.

Klaffke, T. (2015). Stärken und einbeziehen. Grundlagen für ein konstruktives Klima an Schulen. In C. Bietz, T. Klaffke, G. Lohmann, A. Textor & R. Werning (Hrsg.), Friedrich Jahresheft. Unterrichtsstörungen. 97–99.

Koch, B & Köker, A. (2015). Weniger Unterrichtsstörungen durch kooperatives Lernen? In C. Bietz, T. Klaffke, G. Lohmann, A. Textor & R. Werning (Hrsg.), Friedrich Jahresheft. Unterrichtsstörungen. 40–42.

Konrad, K. & Bernhart, D. (2010). Kooperatives Lernen als Unterrichtsform. Lehren & Lernen, 36(1), 7–15.

Kounin, J. S. (2006). Techniken der Klassenführung (Standardwerke aus Psychologie und Pädagogik Reprints, Bd. 3). Münster: Waxmann.

Krause, D. E. (Hrsg.). (2013). Kreativität, Innovation und Entrepreneurship. Wiesbaden: Springer.

Lipowsky, F. (2007). Was wissen wir über guten Unterricht?. In G. Becker, A. Feindt, H. Meyer, M. Rothland, L. Stäudel & E.Terth (Hrsg.), Friedrich Jahresheft. Guter Unterricht. Maßstäbe & Merkmale – Wege & Werkzeuge. 26–30.

Lohmann, G. (2019). Mit Schülern klarkommen. Professioneller Umgang mit Unterrichtsstörungen und Disziplinkonflikten (14. Auflage). Berlin: Cornelsen Scriptor.

Lüders, M. (2012). Der Unterrichtsbegriff in pädagogischen Nachschlagewerken. Ein empirischer Beitrag zur disziplinären Entwicklung der Schulpädagogik. Zeitschrift für Pädagogik, 58 (1), 109–129.

Mattes, W. (2011). Methoden für den Unterricht. Kompakte Übersichten für Lehrende und Lernende. Braunschweig, Paderborn, Darmstadt: Bildungshaus Schulbuchverlage.

Martens, M. (2015). Unterrichtsstörungen – Unterrichtsstörungen reflektieren. In C. Bietz, T. Klaffke, G. Lohmann, A. Textor & R. Werning (Hrsg.), Friedrich Jahresheft. Unterrichtsstörungen. 21–23.

Meyer, H. (2019). Was ist guter Unterricht?. Berlin: Cornelsen Verlag.

Mietzel, G. (2007). Pädagogische Psychologie des Lernen und Lehrens. (8. überarbeitete und erweiterte Auflage). Göttingen: Hogrefe.

Miller, R. (2011). Beziehungsdidaktik (5. überarbeitete Auflage). Weinheim und Basel: Beltz.

Nolting, H. P. (2013). Störungen in der Schulklasse. Ein Leitfaden zur Vorbeugung und Konfliktlösung. (11. Auflage). Weinheim, Basel: Beltz Verlag.

Nolting, H. P. (2014). Störungen eindämmen – aber klimaschonend! In C. Tillack, J. Fetzer & D. Raufelder (Hrsg.), Beziehungen in Schule und Unterricht. Teil 3. Soziale Beziehungen im Kontext von Motivation und Leistung (S. 127–134). Immenhausen bei Kassel: Prolog Verlag.

OECD. (2018). Programme for international student assessment (PISA). Results from PISA 2018. Abgerufen von https://www.oecd.org/berlin/themen/pisa-studie/PISA2018_CN_AUT.pdf

OECD. (2020). TALIS 2018 Results (Volume II): Teachers and School Leaders as Valued Professionals, TALIS; OECD Publishing, Paris. https://doi.org/10.1787/19cf08df-en

Sacher, W. (2012). Strategischer Umgang mit Unterrichtsstörungen. Plädoyer für professionelle Intervention. Schulmanagement, 2, 18–20.

Salner-Gridling, I. (2009). Querfeldein: Individuell lernen - differenziert lehren. Wien: Österreichisches Zentrum für Persönlichkeitsbildung und Soziales Lernen. BMBF. Abgerufen von http://media.obvsg.at/AC07919464-2001

Schiefele, U. (2008). Lernmotivation und Interesse. In W. Schneider & M. Hasselhorn (Hrsg.), Handbuch der Pädagogischen Psychologie (Band 10) (S. 38–49). Göttingen: Hogrefe.

Schubarth, W. & Zylla, B. (2016). Wertebildung in der Schule. Lern- und Erfahrungsraum mit klarem Erziehungsauftrag. In Bertelsmann Stiftung (Hrsg.), Werte lernen und leben. Theorie und Praxis der Wertebildung in Deutschland (S. 123–168). Gütersloh: Verlag Bertelsmann Stiftung.

Schunk, D. H. & Zimmerman, B. J. (1998). Self-regulated Learning. From Teaching to Self-Reflective Practice. New York, London: The Guilford Press.

Sitte, W. & Wohlschlägl, H. (Hrsg.). (2001). Beiträge zur Didaktik des „Geographie und Wirtschaftskunde"-Unterrichts. Materialien zur Didaktik der Geographie und Wirtschaftskunde. Band 16 (4. unveränderte Auflage). Wien: Institut für Geographie und Regionalforschung der Universität Wien.

Tenorth, H. E. & Tippelt, R. (Hrsg.). (2007). Beltz Lexikon Pädagogik. Weinheim und Basel: Beltz.

Textor, A. (2015). Unterrichtsstörungen. In C. Bietz, T. Klaffke, G. Lohmann, A. Textor & R. Werning (Hrsg.), Friedrich Jahresheft. Unterrichtsstörungen. 6–10.

Träbert, D. (2019). Kinder brauchen Struktur und Orientierung. Grundschule, 51(7), 22–23

Wendt, P. (2009). Was heißt hier gestört? Eine begriffliche Klärung. Grundschule, 41(12), 10.

Wiater, W. (2007). Unterrichten und Lernen in der Schule. Eine Einführung in die Didaktik. Donauwörth: Auer-Verlag.

Literaturverzeichnis

Winkel, R. (2005). Der gestörte Unterricht (7. Aufl.). Baltmannsweiler: Schneider-Verlag Hohengehren.

Woolfolk, A. (Hrsg.). (2008). Pädagogische Psychologie (10. Auflage). München: Pearson.

Zierer, K. (2015). Unterricht. In K. Zierer (Hrsg.), Leitfaden Schulpraktikum (3. Aufl.) (S. 26–33). Hohengehren: Schneider.

Abbildungsverzeichnis

Abbildung1: Helmke, Helmke & Phang, 2013, S. 17 6

Tabellenverzeichnis

Tabelle 1: Merkmale guten Unterrichts 19